Gulliver Taschenbuch 322

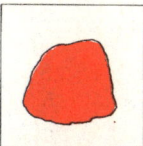

Silvia Bartholl, geboren 1952, wuchs in der Schweiz auf. Seit 1980 lebt sie in Frankfurt am Main. Nach dem Studium der Romanistik und Germanistik ist sie heute als Verlagslektorin tätig. Herausgeberin mehrerer Anthologien für Kinder und Jugendliche.

Alles Weihnachten!

*Geschichten & Bilder
Gesammelt von Silvia Bartholl*

*Mit einem Daumenkino
von Franziska Biermann*

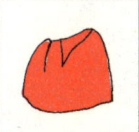

Gulliver Taschenbuch 322
Originalausgabe
© 1998 Beltz Verlag, Weinheim und Basel
Programm Beltz & Gelberg, Weinheim
Alle Rechte für diese Ausgabe vorbehalten
Weitere Rechtsauskunft im Anhang
Einband von Axel Scheffler
Gesetzt nach der neuen Rechtschreibung
Gesamtherstellung Druckhaus Beltz, 69494 Hemsbach
Printed in Germany
ISBN 3 407 78322 1
1 2 3 4 5   02 01 00 99 98

Inhalt

Josef Guggenmos
Am 4. Dezember 7

Margret Rettich
Vom Maulwurffangen 8

Johann Wolfgang von Goethe
Weihnachtsmarkt 19

Paul Maar
Der doppelte Weihnachtsmann 20

Christine Nöstlinger
Alte Elternregel 27

Franziska Biermann
Bilderrätsel 28

Gary Paulsen
Sind Sie der Weihnachtsmann? 30

Holger Senzel
Der Weihnachtsmännerkongress in Kopenhagen 34

Eine moralische Erzählung 37

Christine Nöstlinger
Abendgebet 40

Nikolaus und die Ameise 41

Ein Wahrheitslied 43

Peter Härtling
Der Koffer 46

Ursula Fuchs
Das Nachthemd 51

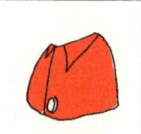

Erich Kästner
Felix holt Senf 54

Wolfdietrich Schnurre
Die Leihgabe 58

Eberhard Haidegger
Ochs & Esel an der Krippe 73

Janosch
Der Bär und der Vogel 77

Christine Nöstlinger
Herbergssuche 82

James Krüss
Konsumanekdote 83

Hans Manz
Heiliger Abend 84

Angelika Mechtel
Der Engel auf dem Dach 86

Hilde Roth
Engel 93

Das Schicksal eines Christbaums 94

Christine Nöstlinger
Ein hellblauer Pullover 100

James Krüss
Die Weihnachtsmaus 111

Quellen- und Bildnachweis 115

Am 4. Dezember

Geh in den Garten
am Barbaratag.
Geh zum kahlen
Kirschbaum und sag:

Kurz ist der Tag,
grau ist die Zeit.
Der Winter beginnt,
der Frühling ist weit.

Doch in drei Wochen,
da wird es geschehn:
Wir feiern ein Fest,
wie der Frühling so schön.

Baum, einen Zweig
gib du mir von dir.
Ist er auch kahl,
ich nehm ihn mit mir.

Und er wird blühen
in seliger Pracht
mitten im Winter
in der heiligen Nacht.

Josef Guggenmos

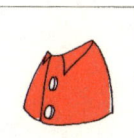

Vom Maulwurffangen

Um die Winterzeit wird es bekanntlich früh dunkel.

Weil Oma jeden Nachmittag das Rathaus putzte und die Praxis von Frau Doktor Finke säuberte, sah sie immer erst am anderen Morgen, was ihr Feind wieder angerichtet hatte. Sie hielt ihren Kaffeebecher in zitternden Händen und stöhnte: »Eines Tages werde ich ihn erschlagen!« Dann holte sie den Spaten aus dem Schuppen, stapfte hinaus und beseitigte die hässlichen Erdhaufen, die sich auf ihrem Rasen türmten.

Wenn sie wieder in der Küche saß und sich einen zweiten Becher Kaffee eingoss, hielt ihr Opa seinen Vortrag über die Nützlichkeit des Maulwurfs. Oma unterbrach ihn meist bereits nach den ersten Worten und setzte ihrerseits zum Vortrag über die totale Zerstörung eines Gartens an. Opa wagte nichts dagegen einzuwenden, denn Oma war furchtbar in ihrem Zorn.

Als er sich eines Tages mit Stefan beriet, worüber sich Oma wohl zu Weihnachten am meisten freuen würde, sagte Stefan folgerichtig: »Über den Maulwurf.«

»Dann müssten wir ihn vorher fangen«, meinte

Opa. Stefan nickte. Das ging Opa mächtig gegen den Strich. Doch nachdem er eine weitere Woche Omas Gift- und Galle-Anfälle beim Frühstück ertragen hatte, war er zu allem bereit. Er sagte nur: »Du musst aber mitmachen«, und Stefan nickte wieder.

Opa schlug in allen Gartenbüchern nach, dann sagte er: »Wir brauchen eine Falle.«

Im Gartengeschäft gab es mehrere Sorten. Opa wählte lange und entschied sich für eine kräftige, solide Ausführung. Der Fachmann erklärte ihm genau, wie die Falle aufgestellt werden musste, und sagte: »Es kann gar nichts schief gehen.«

Als Oma am Nachmittag im Rathaus und bei Frau Doktor Finke war, gingen Opa und Stefan in den Garten. Kurz vorher hatte der Maulwurf auf dem Rasen einen frischen Haufen aufgeworfen. Opa steckte die Falle mitten in die weiche, schwarze Erde. Dann wollte er sie spannen, wie es ihnen der Fachmann im Gartengeschäft gezeigt hatte. Was dabei mit Opas Daumen geschah, war ein Vorgeschmack für den Maulwurf.

Während Opa schimpfend auf dem Rasen herumhüpfte, brachte Stefan die Falle, richtig gespannt, im Maulwurfshügel unter.

In dieser Jahreszeit wird es früh dunkel.

Oma sah erst am nächsten Morgen, wie viele Hü-

gel der Maulwurf rings um den gefährlichen Haufen aufgetürmt hatte. Sie stellte den Kaffeebecher hart auf die Tischplatte und sagte entschlossen: »Eines Tages werde ich ihn mit meinen eigenen Händen erwürgen!« Dann stiefelte sie mit dem Spaten nach draußen und schleuderte die Erde von sämtlichen Haufen unter die Fliederbüsche. Beim letzten Haufen erwischte sie auch die Falle, die genau auf dem Spaten zuschnappte und haarscharf an ihrem Kopf vorbeiflog, ehe sie auf dem Kompost landete.

»Fallen sind zu gefährlich«, sagte Opa zu Stefan und rief seinen alten Freund Emil an. Emil war Vorstand vom Kleingartenverein, er kannte das Problem. Nach seinen Erfahrungen waren Patronen am besten geeignet, um den Maulwurf ein für alle Mal auszuräuchern.

Opa begab sich mit Stefan erneut ins Gartengeschäft. Auch von Patronen gab es mehrere Sorten. Der Fachmann empfahl Opa eine Patronenart, die sogar Kaninchen und Füchse vertrieb. Dann erklärte er genau, wie die Patrone an einem Ende angesteckt werden musste, um zu schwelen und zu räuchern. »Es kann gar nichts schief gehen«, sagte er.

Opa und Stefan warteten, bis Oma am Nachmittag weg war. Der Maulwurf hatte schon wieder mehrere frische Haufen aufgeworfen. Opa brauchte die Patrone nur mitten in einen der Haufen zu stecken. Stefan wollte sie anstecken, doch er kam mit Opas Feuerzeug nicht zurecht. Also übernahm Opa diese Aufgabe selbst. Prompt versengte er sich den anderen Daumen dabei. Während er noch fluchte, gab es einen dumpfen Knall. Opa hatte das falsche Ende von der Patrone erwischt. Im Rasen war ein Loch von der Größe einer Badewanne.

Es war wirklich ein Glück, dass es in dieser Jahreszeit so früh dunkel wurde.

Der Kaffeebecher rutschte Oma fast aus den Händen, als sie am anderen Morgen aus dem Fenster sah. Sie rief: »Oh, dieser gemeine Kerl! Wie er mich quält!« Opa und Stefan mussten mit in den Garten kommen und drei Karren voll Erde aus dem Gemüsegarten holen. Damit schippte Oma das Loch im Rasen notdürftig wieder zu.

Als der Briefträger die ersten Weihnachtsgrüße brachte, fragte er: »Wohl einen Schatz vergraben?«

»Schön wär's«, antwortete Opa und erzählte dann im Vertrauen, was geschehen war. Der Briefträger hatte selbst einen Garten und war schon oft von Maulwürfen heimgesucht worden. Er meinte: »Da helfen nur Lappen, die mit Petroleum getränkt sind. Man muss sie tief in den Gang hineinstopfen. Es kann gar nichts schief gehen!«

Opa und Stefan waren für jeden Rat dankbar.

Als Oma am Nachmittag auf dem Weg zum Rathaus und zur Praxis von Frau Doktor Finke war, weichte Opa eine alte Unterhose in einer Schüssel voll Petroleum ein. Stefan legte draußen einen Maulwurfsgang frei. Das war gar nicht so einfach, weil er ihn nicht gleich fand. Er musste lange wühlen und häufte dabei so viel Erde an, dass sein Haufen dreimal so hoch und so breit wie ein Maulwurfshaufen wurde.

Opas Unterhose ging nur bis zur Hälfte in den Gang hinein, aber das war sicher ausreichend.

Da es um diese Jahreszeit früh dunkel wurde, konnte Oma nicht erkennen, woher der Geruch nach Petroleum kam. Er drang bis in den Keller. Weil Petroleum fast wie Heizöl riecht, ließ sie noch am selben Abend den Installateur kommen. Er hatte ihr erst kürzlich nach einer Reparatur eine saftige Rechnung geschickt und Oma ließ nicht mit sich spaßen. Der Installateur suchte lange nach dem Fehler, fand aber keinen. Es musste wohl am Heizöl liegen, das die Ventile verstopft hatte.

Am nächsten Morgen entdeckte Oma den riesengroßen Haufen mitten auf dem Rasen. Der Kaffeebecher rollte auf den Boden und bekam einen Sprung, als sie in den Sessel zurücksank und sich ans

Herz fasste. Opa gab ihr schnell eine Tablette und Oma stöhnte auf: »Er will mir das Grab schaufeln! Seht doch nur!« Dann stürmte sie mit dem Spaten nach draußen.

Stefan war schneller und warf Opas Unterhose in die Mülltonne. Er nahm Oma den Spaten weg und verteilte die Erde unter den beiden Blautannen. Im Rasen war nun eine Mulde entstanden und die füllten Opa und Stefan freiwillig auf, als Oma nachmittags im Rathaus und bei Frau Doktor Finke war.

»Gibt's was Neues?«, fragte die Nachbarin, die ihren Hund ausführte. Opa sagte: »Maulwurfsorgen«, und das kannte die Nachbarin zur Genüge. Sie sagte: »Fallen, Patronen, Petroleumlappen sind alles Unsinn und Geldschneiderei. Ich habe die Natur walten lassen.« Da redete sie Opa aus der Seele. Er sagte: »Wenn es nach mir ginge, dürfte der Maulwurf graben, so viel er wollte.«

»Das nun wieder nicht«, sagte die Nachbarin und erklärte, wie man den Maulwurf überlisten konnte. Bekanntlich macht er ja kehrt, sobald er seinen Haufen aufgeworfen hat, denn er scheut das Licht. Wenn man nun Eimer oder andere Gefäße darüber stülpt und rundherum gut mit Erde abdichtet, lässt er sich täuschen und kommt darunter hoch. Schon hat man ihn erwischt. Da kann gar nichts schief gehen.

Das leuchtete Opa und Stefan ein und sie machten sich schnell ans Werk, ehe es dunkel wurde. Sämtliche Eimer, Töpfe und Schüsseln, die sie im Haus fanden, bauten sie auf dem Rasen auf. Dann holten sie Erde aus dem Gemüsegarten, der allmählich ebenso aufgewühlt war wie der Rasen, und legten um jeden Eimer, jeden Topf und jede Schüssel einen Schutzwall an.

Am anderen Morgen musste Oma gleich drei Tabletten auf einmal schlucken, um nicht in Ohnmacht zu fallen. Sie rief: »Wer hat diesem Untier beigebracht, nun auch noch seine Haufen mit Eimern zu krönen? Das ist kein gewöhnlicher Maulwurf, das ist ein Vampir! Rettet mich vor ihm!«

Und plötzlich begann Oma zu schluchzen.

Opa und Stefan guckten sich hilflos an. Dann umarmte Stefan sie und Opa tätschelte ihren Rücken. Er brummte: »Beruhige dich. Es war ja gar nicht der Maulwurf, das waren wir.«

Stefan sagte: »Du sollst nämlich den Maulwurf von uns zu Weihnachten bekommen. Wir müssen ihn nur noch fangen.«

Oma hörte mit dem Schluchzen auf. Sie sagte: »Ihr seid schlimmer als dieses Tier!« Dann räumte sie draußen im Garten auf.

Am Nachmittag, als sie fort war, saßen Opa und

Stefan hilflos herum und wussten nicht weiter. Opa sagte: »Vielleicht freut sich Oma ja auch über einen hübschen, bunten, Schal.«

Draußen begann es zu schneien. Erst bekam der Garten einen hellen Schimmer. Als es dann früh dunkel wurde, lag der Schnee schon ein paar Zentimeter hoch. Und am anderen Morgen hatte der Garten eine dicke, saubere Schneedecke, unter der sich kein einziger Maulwurfshügel wölbte. Oma trank ihren Kaffee und sagte befriedigt: »Er hat von sich aus aufgegeben. Er hat eingesehen, dass er mich nicht kleinkriegt!«

Dann schickte sie Stefan nach draußen, er sollte ein paar Zweige von den Blautannen für ein Gesteck holen. Sie rief hinter ihm her: »Geh durch den Keller, dann bringst du uns keinen Schnee rein!«

Stefan brachte etwas anderes.

Als er die Kellertür aufmachte, saß auf der untersten Stufe in einem dunklen Winkel der Maulwurf. Stefan trug ihn auf der Müllschippe nach oben und setzte ihn zwischen die Butter und die Marmelade auf den Tisch. »Da, Oma, dein Weihnachtsgeschenk«, sagte er.

Der Maulwurf saß ganz still, er zitterte nur ein wenig. Einmal kam kurz eine rosa Schaufelpfote zum Vorschein und verschwand gleich wieder.

Endlich fand Oma Worte.

»Wie klein dieser Schuft ist und was für ein zartes Fell er hat«, sagte sie.

Opa fragte: »Wo hast du ihn gefangen?«

»Er ist von allein gekommen«, sagte Stefan und erzählte, wie er den Maulwurf gefunden hatte. Opa meinte: »Vielleicht hat er sich unter der Schneedecke verirrt und ist an der Kellertreppe abgestürzt.«

»Armes Kerlchen«, sagte Oma. Sie versuchte, den Maulwurf mit Käse zu füttern. Als er nichts nahm, polsterte sie ihren Einkaufskorb mit einem Handtuch aus, setzte den Maulwurf hinein und deckte ihn zu. Dann zog sie ihren Mantel an und Opa und Stefan merkten, was sie vorhatte.

Zu dritt stapften sie den Weg entlang, bis alle Häuser hinter ihnen lagen und es ringsumher nur noch Wiesen und Felder gab. Unter dem Schnee waren unzählige Buckel, einer dicht neben dem anderen.

»Hier kann er sich meinetwegen eine Frau suchen und eine Familie gründen«, sagte Oma und scharrte den Schnee beiseite. Sie suchte mit den Fingern nach dem Gang und setzte den Maulwurf hinein.

Von nun an blieb der Rasen unter dem Schnee glatt und unversehrt.

Oma feierte zufrieden mit Opa und Stefan das Weihnachtsfest.

Aber irgendwann im Februar schwappte frühmorgens der Kaffee aus Omas Becher. Mitten im Rasen prangten mehrere frische, schwarze Erdhaufen. Omas Quälgeist war wieder da und seine neue Familie hatte er gleich mitgebracht.

Margret Rettich

Weihnachtsmarkt

Kindlein, kauft ein!
Hier ein Hündlein,
hier ein Schwein,
Trommel und Schlegel,
ein Rennpferd, ein Wägel,
Kistchen und Pfeifer,
Kutschen und Läufer,
Husar und Schweizer,
um ein paar Kreuzer
ist alles dein.
Kindlein, kauft ein!

Johann Wolfgang von Goethe

Der doppelte Weihnachtsmann

Ich muss ungefähr sechs Jahre alt gewesen sein, als ich anfing, nicht mehr so recht an den Weihnachtsmann zu glauben.

»Gibt es den Weihnachtsmann eigentlich wirklich?«, fragte ich Mama, als wir am Nachmittag gemütlich zusammensaßen und Weihnachtsschmuck bastelten.

»Du hast ihn doch oft gesehen«, sagte Mama. »Erinnerst du dich nicht an letztes Weihnachten, wie er hereinkam hier ins Zimmer, mit seinem langen Mantel und seinem weißen Bart? Wir haben doch zusammen Weihnachtslieder gesungen.«

»Jaja«, sagte ich. »Aber wie viele Weihnachtsmänner gibt es eigentlich?«

»Wie viele? Natürlich nur einen. *Den* Weihnachtsmann!«, sagte sie.

»Und der kommt auch zum Klaus?«, fragte ich weiter. Klaus war mein Freund. Er wohnte ein paar Häuser weiter.

»Ja, natürlich«, sagte Mama.

»Und zur Elke nach Paderborn auch?« Elke war vor zwei Monaten mit ihren Eltern nach Paderborn gezogen.

»Ja, zu Elke auch«, sagte die Mama.

»Und zu den Kindern in München und in Hamburg?«, fragte ich.

»Zu denen kommt er auch!«

»Wie kann er denn am gleichen Abend in München und in Hamburg und in Paderborn sein?«, fragte ich.

»Wie er das kann, weiß ich auch nicht«, sagte Mama. »Er kann es halt. Dafür ist er eben der Weihnachtsmann. Als Weihnachtsmann kann er vielleicht an zwei Orten gleichzeitig sein.«

Damit waren meine Zweifel aber noch lange nicht verschwunden. Ich hatte sogar einen bestimmten Verdacht.

»Wieso ist Papa eigentlich nie dabei, wenn der Weihnachtsmann kommt?«, fragte ich.

Mama tat erstaunt. »Ist er denn nie dabei?«, fragte sie.

»Nein«, antwortete ich. »Jedes Mal sagt er am Weihnachtsabend, er müsse noch was erledigen, und dann geht er weg. Und gleich darauf kommt dann der Weihnachtsmann. Und wenn der Weihnachtsmann mit dir und mir Lieder gesungen hat und wieder weggegangen ist, dann kommt Papa zurück und fragt uns, wie es denn gewesen sei mit dem Weihnachtsmann!«

»So ein Zufall!«, sagte Mama. »Ich werde Papa sa-

gen, dass er diesmal dableiben soll, wenn der Weihnachtsmann kommt.«

Als Papa am Abend nach Hause gekommen war, hörte ich die beiden in der Küche halblaut miteinander reden. Ich ging leise zur offenen Küchentür, um zuzuhören.

»*Du* kannst es jedenfalls nicht mehr machen«, sagte Mama gerade zu Papa. »Er hat etwas gemerkt.«

»Aber wer denn dann?«, fragte Papa.

»Vielleicht Robert?«, sagte Mama. »Wir haben Robert doch sowieso zu Weihnachten eingeladen. Da kann er ja …« In diesem Augenblick sah sie mich in der Tür stehen, brach mitten im Satz ab und sagte zu mir: »Du musst jetzt mal in dein Zimmer gehen. Wir wollen gerade etwas Wichtiges besprechen. Etwas, das nur die Erwachsenen angeht.«

Damit schob sie mich in mein Zimmer und ich konnte nicht erfahren, was die beiden wohl besprechen wollten.

Drei Tage später war Weihnachtsabend. Wir saßen im Esszimmer und warteten auf den Weihnachtsmann. Und auf Onkel Robert. Onkel Robert war der Bruder von Papa. Er wollte dieses Weihnachten mit uns feiern.

»Wo Robert nur bleibt?«, sagte Papa und schaute auf die Uhr. »Er wollte doch schon längst da sein.«

»Es schneit. Vielleicht kommt er mit dem Auto nicht durch«, sagte Mama.

»Hoffentlich hast du nicht Recht«, meinte Papa und schaute wieder auf die Uhr.

Wir warteten eine Viertelstunde, eine halbe Stunde, und ich fragte alle fünf Minuten, wann denn der Weihnachtsmann käme. Aber er kam nicht. Und Onkel Robert auch nicht.

Papa wurde immer ungeduldiger. Plötzlich sprang er auf, ging aus dem Zimmer und rief uns im Hinausgehen zu: »Ich muss noch 'ne Kleinigkeit erledigen. Es dauert nicht lange, ich bin gleich wieder da!«

Ich fand es sehr schade, dass Papa gerade jetzt weg musste. Ich hatte Sorge, der Weihnachtsmann könnte vielleicht wieder gerade dann kommen, wenn Papa weg wäre. Und wirklich: Papa war kaum fünf Minuten aus dem Zimmer, da klopfte es an die Tür und der Weihnachtsmann kam herein.

Es war wie jedes Jahr: Erst fragte er mich, ob ich auch immer schön brav gewesen wäre. Dann sangen wir zusammen »Stille Nacht« und dann gingen alle hinüber ins Weihnachtszimmer.

Nach einer Weile sagte Mama: »So, lieber Weihnachtsmann, jetzt hast du dir einen ordentlichen Schluck verdient, jetzt darfst du in die Küche gehen und was trinken!«

Und der Weihnachtsmann ging in die Küche.

Kaum war der Weihnachtsmann hinter der Küchentür verschwunden, da hörten Mama und ich vom Flur her laute Schritte und Gepolter.

»Um Gottes willen!«, rief Mama, irgendwie erschrocken. »Nein, Robert ...«

Da ging die Tür auf. Aber es war nicht Robert, der hereinkam, sondern der Weihnachtsmann. Weiß der Himmel, wie er es geschafft hatte, von der Küche aus in den Flur zu kommen! Vielleicht war er aus dem Küchenfenster gestiegen und zum Flurfenster wieder herein. Er kam direkt auf mich zu. Ich war so damit beschäftigt, meine Geschenke auszupacken, dass ich ihn gar nicht weiter beachtete. Schließlich hatten wir uns ja eben lange unterhalten und zusammen ein Lied gesungen!

»Na, willst du denn gar nicht aufstehen?«, fragte der Weihnachtsmann mit tiefer Stimme und baute sich vor mir auf. Erstaunt stellte ich mich vor ihn hin.

»Nun, bist du denn auch immer brav gewesen?«, fragte er und schaute mich streng an.

»Das hab ich dir gerade doch schon gesagt«, sagte ich erstaunt.

»Wann gerade?«, fragte der Weihnachtsmann.

»Na eben«, sagte ich. »Bevor wir zusammen gesungen haben.«

»Wann sollen wir gesungen haben?«, fragte der Weihnachtsmann ganz ratlos.

Ich wusste nicht, ob er wirklich so vergesslich war oder ob er vielleicht einen Spaß machen wollte. Ich sagte mal überhaupt nichts.

»Was haben wir denn angeblich gesungen?«, fragte der Weihnachtsmann weiter.

»Na, ›Stille Nacht, hei…‹« So weit war ich gerade gekommen, da schaute ich zufällig zur Küchentür hinüber. Und da sah ich etwas so Verwunderliches, dass ich aufhörte zu reden und mit offenem Mund staunte. Mama hatte doch Recht gehabt! Der Weihnachtsmann konnte wirklich an mehreren Orten gleichzeitig sein. Denn der Weihnachtsmann stand nicht nur vor mir, mit seinem langen Mantel und seinem weißen Bart, er stand auch gleichzeitig in der Küchentür, hatte ein Glas Wein in der Hand und schaute verblüfft zu uns ins Zimmer.

Als der Weihnachtsmann sich sah (oder muss man sagen: Als die Weihnachtsmänner einander sahen?), machten beide kehrt, gingen hastig aus dem Zimmer und klappten die Tür hinter sich zu.

Nach einer Weile kam Papa zurück. Und mit ihm Onkel Robert, der inzwischen auch eingetroffen war.

»Stellt euch vor, ich habe den Weihnachtsmann

doppelt gesehen!«, erzählte ich ihnen gleich aufgeregt.

Aber sie gingen gar nicht darauf ein, sondern meinten nur, es sei höchste Zeit, dass wir nach all diesen Aufregungen mit dem Weihnachtsabendessen begännen.

Was sie allerdings mit »Aufregungen« meinten, ist mir nie ganz klar geworden. Denn schließlich waren Papa und Onkel Robert ja gar nicht dabei gewesen, als *ich* diese aufregende Weihnachtsmannverdopplung erlebte!

Paul Maar

Alte Elternregel

Im Dezember zeige dich von
deiner besten Seite,
sonst wird gar kärglich
deine Weihnachtsausbeute.

Christine Nöstlinger

K🦊 WEIH★☾S KNOBEL O

ES WAR DER 4+ZWANZIGSTE DEZEM🐻,
ALS ON ZERSTR🐄 WEIH★☾S👦
DURCH DEN 🌲🌲🌲 LIEF. DER ✨
👨‍🦯 LTE L🍦E AUF DIE 🌍 + ON
20M SPIELTE VER☀N
WEIH★☾S👁+E ER AUF ONER
🧒 🐄NE. DER WEIH★☾🧑
HATTE VERG🍳, AN W🐴ER
STELLE ER DIE 🎁🎁🎁🎁
DE🐴+IE RT HATTE, DIE ER
KLEIN
OGENTLICH ZU DEM 👣👣

🏠 NR. 17 B💍EN SOLLTE.
ER SCHAUTE UNTER JEDEN 🍄,
ABER DIE 🎁E WAREN →🛷. DA
KONNTE 🧔 NICHTS MACHEN. ES
WAR AUCH NICHT SO DRAMA🪑,
WIE DER 🎅 D8E. DENN FAMILIE
🐓EN🐄R HATTE SICH 🪿$Z
HOMLICH DIE 🎁E SELBER AUS
DEM 🌲 GEHOLT UND VER🦶RTE
BEROTS ZAHL💰E P👶
AUF DEM 🛋. DA WAR AUCH DER
🧝 WIEDER FROH UND S🍲TE
SICH DEN 👄 VOLL MIT
KOKOS🥧 MA👑N.

Franziska Biermann

Sind Sie der Weihnachtsmann?

Für jeden gibt es eine Zeit, in der er nicht mehr an den Weihnachtsmann glaubt.

Mir passierte es im Krieg, im Zweiten Weltkrieg, während Vater in Europa kämpfte. Wir wohnten in Minneapolis, in einer großen Wohnung zusammen mit vielen anderen armen Leuten. Mutter ging jeden Tag zur Arbeit, in einer Wäscherei, und konnte nicht immer auf mich aufpassen. Aber die Leute auf unserem Flur passten auf mich auf, dann und wann, oder sollten es jedenfalls, aber meist war der Korridor das Revier meiner Freiheit. Ich war gewiss ein Plagegeist, doch die Leute, die in den anderen Zimmern wohnten, waren meistens sehr nett zu mir. Oft blieb ich den ganzen Tag in einem der anderen Zimmer und futterte Plätzchen und hörte Radio und spielte Krieg mit einem Spielzeuggewehr aus Holz; die meisten hatten Geduld mit mir.

Aber da war ein alter Mann, Mr. Henderson, der mit seiner Frau am Ende des Korridors lebte und keine Kinder hatte. Er konnte mich nicht gut leiden, aber ich dachte mir, das kommt daher, dass er keine Kinder hat und überhaupt Kinder nicht mag.

Eine Woche vor Weihnachten, es war im Jahr 1943,

spielte ich wieder mal auf dem Flur und lief hin und her, kam an Hendersons Zimmertür vorbei – und sah etwas, das mich erschreckte.

Mr. Henderson stand vor seinem Küchentisch und neben ihm seine Frau. Auf dem Tisch standen ein Krug Rotwein und ein gefülltes Glas. Was Rotwein war, wusste ich schon, denn eine meiner Babysitterinnen war eine alte Dame, die gerne Rotwein trank. Mr. Henderson nahm das Glas, und gerade als ich an seiner Tür vorbeilief, trank er einen Schluck.

Er trug ein Weihnachtsmannkostüm!

Das war allerhand. Das war zuviel. Bis dahin hatte ich ganz und gar an den Weihnachtsmann geglaubt. Immerhin hatte ich ihn im Kaufhaus gesehen, er saß auf einem hohen Podest, umringt von Kindern, und auch ich war respektvoll näher getreten. Ich wollte ja immer ein guter Junge sein, aber wenn ich es manchmal nicht geschafft hatte, wenn ich böse gewesen war, hatte ich immer nur gehofft, dass Santa Claus nichts davon erfuhr. Als ich dann auf seinen Knien saß und ihm ins Ohr flüsterte, was ich mir zu Weihnachten wünschte, machte ich mir vor Angst beinahe die Hose nass. Santa Claus – das bedeutete Weihnachten und Spielzeug und noch viel mehr, wie ich wusste. Letztes Weihnachten hatte ich mir ein Gewehr gewünscht, mit einer Kugel aus Holz, die durch die Ge-

gend saust, wenn man abdrückt. Anscheinend hatte Santa Claus nicht erfahren, dass ich verbotenerweise mit Zündhölzern gespielt hatte, denn am Weihnachtsmorgen hatte ich die Flinte unter dem Weihnachtsbaum gefunden.

Und jetzt sah ich, dass Mr. Henderson der Weihnachtsmann war. Ein alter Mann, der Rotwein trank und sich am Bauch kratzte und spuckte und meckerte und, wie Mutter zu einer Nachbarin gesagt hatte, nie eine Arbeitsstelle behalten konnte. Das sollte der Weihnachtsmann sein.

Ich konnte es nicht fassen.

Ich stand vor seiner Tür, schaute ihn an und fragte: »Sind Sie der Weihnachtsmann?«

Er sah mich an, trank noch einen Schluck Wein und nickte. »Klar, Junge, ich bin der Weihnachtsmann.«

Und ich glaubte es. Er hatte ja keinen Grund zu lügen und er hatte ein Weihnachtsmannkostüm an und seine Frau hielt den weißen Bart in der Hand. Warum sollte er nicht der Weihnachtsmann sein?

Ich lief in unsere Wohnung zurück und weinte erst mal ein bisschen. Mutter kam von der Arbeit nach Hause und brachte eine Büchse Gulasch mit und wir aßen es mit Bratkartoffeln zum Abendbrot. Aber auch das konnte mich nicht trösten und so erzählte ich ihr die Neuigkeit: »Mr. Henderson ist der Weihnachtsmann.«

Mutter legte die Gabel hin. »Was sagst du?«

»Ja, ich hab ihn gesehen. Er trug ein Weihnachtsmannkostüm und ich fragte, ob er der Weihnachtsmann ist, und er sagte: Ja, er ist es.«

Mutter sagte nichts.

»Ich dachte, der Weihnachtsmann wohnt am Nordpol und hat Rentiere, und jetzt behauptet Mr. Henderson, dass er es ist. Stimmt das?«

»Nein, eigentlich nicht, mein Kleiner. In den Kaufhäusern werden zur Weihnachtszeit manchmal Männer angeheuert, die den Weihnachtsmann spielen, damit die Kinder eine Freude haben …«

»Aber tatsächlich sollte es nur *einen* Weihnachtsmann geben, nicht wahr?«

»Ja. Aber …«

Was sie dann noch sagte, spielte keine Rolle mehr. Für mich war die Sache gelaufen. Ich war fertig mit dem Weihnachtsmann und wusste, dass es keinen gab und die Erwachsenen mich angelogen hatten. *Den Weihnachtsmann hatte es nie gegeben.*

Gary Paulsen

Weihnachtsmännerkongress in Kopenhagen

Weissbärtige Männer in Stiefeln und roten Mänteln, die bei Hochsommerhitze schwitzend Schornsteine erklettern – da reibt sich so mancher Passant in Kopenhagen verwundert die Augen. Immer im Juli treffen sich die Weihnachtsmänner aus aller Welt zu ihrem internationalen Kongress in der dänischen Hauptstadt - und das seit 35 Jahren.

Fortbildung ist wichtig, denn auch bei den Weihnachtsbräuchen gibt es regelrechte Moden – und rechtzeitig muss geübt werden, wie der Sack gepackt, Geschenke eingewickelt und (vor allem) übergeben werden. Über hundert Weihnachtsmänner waren es in diesem Jahr: Studenten, Rentner, Angestellte, die zum Heiligen Fest in Wattebart und roten Mantel schlüpfen, um die eigene Familie zu bescheren oder ganz professionell für einen Weihnachtsmännerverleih. Sie kommen aus Schweden, Dänemark, Italien, den USA und Japan. Auch vier Deutsche waren beim letzten Mal dabei, die den offiziellen Titel »St. Nikolaus« tragen dürfen – darunter der Vorsitzende des Clubs langer Menschen: Ein besonders beeindruckender Weihnachtsmann von über zwei Metern Länge.

Ein Berliner Weihnachtsmann und ein Engel, die zusammen Fahrrad fuhren, wurden Opfer eines Verkehrsunfalls. Weiterbildung tut also not – auch wenn nicht alle mit dem Velo unterwegs sind…

Zum ersten Mal durften dieses Jahr übrigens auch Frauen mitmachen. Sehr energisch haben sie sich in den vergangenen Jahren immer wieder darüber beschwert, dass sie nur als Frau der Weihnachtsmänner Plätzchen backen durften – lautstark haben sie gefordert, endlich selbst Bart, Sack und roten Mantel umhängen zu dürfen und Geschenke zu verteilen. Und – wie man sieht – der Protest hatte Erfolg.

Mit Morgengymnastik unterm Weihnachtsbaum begann der Kongress. Rezepte für Weihnachtsgebäck wurden ausgetauscht und die müden Füße beim traditionellen Salzwasserfußbad in der Ostsee gekühlt. Beim großen Wettbewerb für den »Weihnachtsmann des Jahres« gewann diesmal ein Däne. Dann rasten die Weihnachtsmänner mit ihren Schlitten um die Wette: Mit Rollen unter den Kufen am Sandstrand, denn im Juli fällt natürlich kein Schnee. Und natürlich gab's ein traditionelles dänisches Heiligabendmenü mit Schweinebraten, Rotkohl, braunen Kartoffeln, Grießbrei mit Sahne und viel dunklem Bier – so richtig was für den Hochsommer.

Pfunde ließen sich dann beim Schornsteinklettern abschwitzen. Und weil zu einem richtigen Weihnachtsmann ein stattlicher Bauch gehört, hat der Kongress in diesem Jahr einen Protestbrief an die Energieversorgungsunternehmen verschickt. Weil immer mehr Leute nämlich nicht mehr mit Holz und Kohle, sondern mit Gas und Öl heizen, sind im Laufe der Jahre die Schornsteine so eng geworden, dass der Weihnachtsmann nicht mehr durchpasst …

Holger Senzel

Eine moralische Erzählung

Jochen Dühring, der zehnjährige Sohn eines rechtschaffenen und wohlhabenden Fischers zu Brunsbüttel, war in hohem Grade mit dem Laster der Neugierde behaftet. Da die schöne Weihnachtszeit heranrückte, bedeuteten ihm seine Eltern, er möge auf einem Zettel niederschreiben, welche Gaben er sich zum Christfest wünsche. Besagten Zettel solle er abends an sein Bettchen legen; wenn er eingeschlafen, komme gewiss das Christkindlein, den Zettel zu holen.

Nun hätte der kleine Jochen gar zu gerne das Christkindlein mit eigenen Augen erblickt. Er dachte darüber nach, wie sich dieses wohl in die Wege leiten ließe. Oftmals hatte er seinem Vater zugeschaut, wenn dieser des Abends die Angeln auslegte und am folgenden Morgen die fetten Aale einsammelte, die sich daran gefangen hatten. Er entwendete heimlich einen Angelhaken, befestigte als Köder den Wunschzettel daran und legte ihn, als er schlafen ging, an eine Schnur gebunden auf sein Bett.

Ganz früh schon wachte er auf; aber wer beschreibt seine Enttäuschung! Kein Christkindlein hatte sich gefangen. Und doch war es da gewesen,

denn an dem Angelhaken fanden sich Blutspuren und ein anderer Zettel, auf dem stand geschrieben: »Du Lausbub, wenn ich nicht das Christkindlein wäre, würde ich dir jetzt eine runterhauen. Zur Strafe werde ich dieses Mal keinen deiner Wünsche erfüllen. Das Christkind.« Und so kam es, dass der kleine Jochen am Weihnachtsabend leer ausging.

Moral: Vermesse dich nie, das Unerforschliche mit kecker Hand betasten zu wollen. Nicht Wissen macht glücklich, sondern Glauben.

Nachtrag: Jochen Dühring ließ sich das eine Lehre sein. Es gelüstete ihn nie wieder, den Ursachen der Dinge nachzuforschen. Deshalb studierte er später Theologie, und wenn er nicht im Examen durchgefallen wäre und sich dann dem Trunke ergeben hätte, wäre er gewiss ein recht tüchtiger Seelsorger geworden.

Anonym

Abendgebet

Liebster, bester Nikolaus,
Schokozeug ist mir ein Graus.
Mag halt keine süßen Sachen,
würdest mir mehr Freude machen
mit einem Teller voller Fritten.
Auch um Hering tät ich bitten.
Sehr ergötzen würd mich auch
Gänseschmalz und Schweinebauch.
Ist in deinem Säckel nicht vorhanden?
Dann versuch anderswo zu landen!

Christine Nöstlinger

Nikolaus und die Ameise

Es war einmal eine Ameise. Wie sie so dahingegangen ist, hat sie ein Steinchen übersehen, ist hingefallen und hat sich einen Fuß gebrochen.

Da ist sie zu einem Arzt gegangen und hat gesagt: »Doktor, heile mir bitte meinen Fuß!« – »Ja«, hat er gesagt, »wenn ich das könnte! Weißt du: Ich kann nur Menschen gesund machen. Dafür bin ich da. Da musst du schon zu einem Tierarzt gehen. Gleich hier um die Ecke gibt es einen.«

Die Ameise hat sich bedankt und ist mit Mühe und unter Schmerzen zu dem Tierarzt gegangen: »Hier habe ich mir den Fuß gebrochen. Bitte mache ihn wieder gesund!«

Der Tierarzt hat sich hinterm Ohr gekratzt und hat gesagt: »Meine Liebe, ich behandle nur Säugetiere. Bei dir bin ich nicht zuständig.« – »Aber was soll ich denn da machen?«, hat die Ameise gesagt. »Bei einem andern Doktor war ich auch schon. Bei einem, der hier gleich um das Eck herum wohnt. Und der hat mich hierher geschickt.« – »Ja«, hat der Tierarzt gesagt, »den kenne ich. Aber ich weiß wirklich nicht, wie ich dir helfen könnte. Weißt du was?« – »Nein.« – »Geh doch zum heiligen Nikolaus!« – »Und wo hat

der seine Sprechstunde?« – »Gleich hier ums andere Eck in der Kirche.«

Die Ameise hat sich mühsam und unter Schmerzen zur Kirche geschleppt, doch die Stufen hinauf hätte sie es fast nicht geschafft. Sie ist unter der Türe hindurchgeeilt.

»O Nikolaus! Schau! Ich habe mir einen Fuß gebrochen und leide solche Schmerzen. Kannst du mir helfen?« – »Aber ja«, hat der Heilige gesagt, »aber freilich. Warte nur: Gleich ist alles vorbei.«

Und er hat ihr den Fuß gestrichelt und der ist geheilt.

Da war die Ameise aber vergnügt, hat sich bedankt und ist nach Hause gelaufen.

Ein Wahrheitslied

Als Gott der Herr geboren war,
da war es kalt.
Was sieht Maria am Wege stehn?
Einen Feigenbaum.
Maria, lass du die Feigen noch stehn,
wir haben noch dreißig Meilen zu gehn,
es wird uns spät.

Und als Maria ins Städtlein kam
vor eine Tür,
da sprach sie zu dem Bäuerlein:
Behalt uns hier,
wohl um das kleine Kindelein.
Es möcht dich wahrlich sonst gereun,
die Nacht ist kalt.

Der Bauer sprach von Herzen: Ja,
geht in den Stall!
Als nun die halbe Mitternacht kam,
stand auf der Mann.
Wo seid ihr denn, ihr armen Leut?
Dass ihr noch nicht erfroren seid,
das wundert mich.

Der Bauer ging da wieder ins Haus,
wohl aus der Scheuer.
Steh auf mein Weib, mein liebes Weib,
und mach ein Feuer,
und mach ein gutes Feuerlein,
dass diese armen Leutelein
erwärmen sich.

Und als Maria ins Haus hin kam,
da war sie froh.
Joseph, der war ein frommer Mann,
sein Säcklein holt.
Er nimmt heraus ein Kesselein,
das Kind tat ein bisschen Schnee hinein
und das sei Mehl.

Es tat ein wenig Eis hinein
und das sei Zucker.
Es tat ein wenig Wasser drein
und das sei Milch.
Sie hingen den Kessel übern Herd
an einen Haken, ohn' Beschwerd
das Müslein kocht.

Ein' Löffel schnitzt der fromme Mann
von einem Span,
der ward von lauter Elfenbein
und Diamant.
Maria gab dem Kind den Brei,
da sah man, dass es Jesu sei.

Anonym

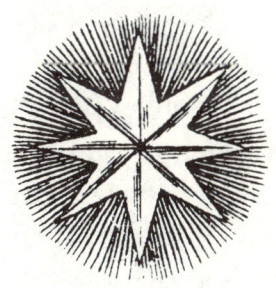

Der Koffer

Koffer guckt man im Allgemeinen nicht genauer an. Leute tragen sie herum, reisen mit ihnen. Manche Koffer sehen schön aus, sind aus glattem Leder, manche sind abgewetzt, fallen beinahe auseinander. Im Märchen gibt es Zauberkoffer; in der Wirklichkeit gibt es sie nicht.

Der Koffer, den Georg neben sich herschleifte, war für ihn zu schwer, aber wichtig. Georg war zehn Jahre alt, reiste mit seiner Mutter, seiner Schwester und seiner dauernd mürrischen Großmutter ins Ungewisse.

Damals, 1945, reisten viele Leute ins Ungewisse. An einem Ort, den sie vorher nicht gekannt hatten, kamen sie dann an und richteten sich ein.

Sie waren noch nicht angekommen. Sie fuhren in einem Zug, von dem man sich heute keine Vorstellung mehr machen kann: Er bestand aus lauter Güterwaggons, in die Menschen gepfercht waren. Und das für Wochen.

Wer Glück und Kraft hatte, konnte sich einen Platz zum Liegen erobern. Die anderen saßen Tag und Nacht mit angezogenen Knien auf den Holzbrettern und warteten darauf, irgendwann aussteigen zu können.

Der Zug hielt des Öfteren auf den Abstellgleisen größerer Bahnhöfe. Sehr viele Bahnstationen waren von Bomben getroffen, ein Teil der Gleise war aufgebrochen. Es sah aus, als führten die Schienen, von der Hitze und den Detonationen gebogen, in den Himmel.

Sie hielten auf dem Bahnhof von Landshut. Jemand sagte, heute ist Heiligabend. Die Leute, die seit zwei Wochen unterwegs waren, hatten es vergessen. Sie hatten nicht vergessen, dass es Winter war, denn sie froren Tag und Nacht und konnten sich nur aneinander wärmen.

Georg sprang aus dem Waggon, lief die Böschung hinunter, rutschte aus, fiel hin, blieb im Schnee liegen und sah im Fenster eines Hauses, das entfernt und einzeln stand, einen Weihnachtsbaum. Er konnte sich nicht denken, dass irgendjemand auf dieser Welt in einer warmen Wohnung Weihnachten feierte. Er hasste die Leute, die die Kerzen an dem Baum angezündet hatten, stellte sich vor, dass Kinder Geschenke auspacken, und wünschte sich, sie verprügeln zu können.

Ein paar der älteren Leute fingen an, »Stille Nacht« zu singen. Er wollte das Lied nicht hören, stopfte sich die Finger in die Ohren. Für ihn gab es kein Weihnachtsfest, der Zug war kein Ort dafür,

auch das Gleis am Rande des Bahnhofs nicht. Nur wusste er jetzt, dass es selbst zu einer Zeit, da fast alle unterwegs waren und nichts hatten, Menschen gab, die in Häusern wohnten und Weihnachten wie früher feierten. Ihn entsetzte diese Ungerechtigkeit. Er erwartete, dass eine Bombe auf das Haus falle.

Seine Mutter rief ihn und sagte, er solle den Koffer aus der Ecke des Waggons holen, seinen Koffer, sie habe etwas hineingepackt, über das er sich freuen werde.

Er weigerte sich, sagte: Ich habe keine Lust, mich zu freuen. Lass mich in Frieden.

Seine kleinere Schwester sagte: Aber ich will mich freuen.

Er zerrte den Koffer aus der Ecke, traf mit einem Knie Schlafende, wurde beschimpft und gestoßen.

Sie setzten sich in einem Kreis um den Koffer, die Mutter öffnete ihn, kramte unter Kleidern und Wäsche und holte ein Hindenburg-Licht heraus. Solche Lichter gibt es heute nicht mehr und man würde sie wahrscheinlich auch nicht mehr so nennen. Es waren flache Schälchen aus Pappe, in die um einen Docht Wachs gegossen war. Sie brannten unendlich lange, mit sehr kleiner Flamme.

Die Mutter hatte keine Streichhölzer und musste eines erbetteln.

Sie zündete die Kerze an, griff noch einmal in den Koffer, zog einen Schal und Handschuhe heraus.

Den Schal gab sie ihm, die Handschuhe seiner Schwester.

Die Großmutter sagte: In Bethlehem war es gemütlicher.

Sie sangen nicht, es bildete sich ein Kreis um das Licht, man sah zu, wie es im Luftzug flackernd brannte.

Georg schaute hinüber zu dem Fenster. Es war ihm jetzt gleichgültig. Er fand, dass Weihnachten, wie es früher war, nicht mehr sein konnte. Er fror, wickelte sich den Schal um den Hals und freute sich über die Wärme.

Peter Härtling

Das Nachthemd

Ich bin froh gewesen, dass Weihnachten vorbei war. Denn es war kein schönes Weihnachten.

Es hat schon ganz schön schlimm angefangen am Heiligen Nachmittag. Wir hatten mit Pfarrer Weinmar ein Krippenspiel eingeübt. Das haben wir im Krankenhaus in der Kapelle aufgeführt. Wer wollte, konnte zugucken. Mama und Stefan haben auch zugeguckt.

Amanda war die Maria. Emma war das Jesuskind in der Krippe. Sie hatte eine weiße Babymütze mit einem Bommel obendrauf auf dem Kopf und hat wie ein Baby im Stroh gelegen. Jörg Schnitzler, der Sohn vom Bauer Schnitzler, war der Josef.

Zuerst hat es gut angefangen. Der Chor hat gesungen: »Alle Jahre wieder kommt das Christuskind!« Und die Leute in den Bänken haben mitgesungen.

Dann sind Maria und Josef auf die Herbergssuche gegangen. Weil niemand sie haben wollte, sind sie in dem Stall gelandet. Der Esel in dem Stall war die Edeltraut. Und der Ochse war der Willi, der Sohn vom Lehrer Bungert. Die Edeltraut hat sehr gut iah gerufen und der Ochse hat sehr gut gemuht.

Hinter dem Stall waren die Hirten auf dem Feld.

Die schliefen. Ich habe Papa geschrieben, dass jetzt ich drangekommen bin, denn ich war der Engel. Ich hatte einen goldenen Stern auf dem Kopf und einen goldenen Stern an einem langen, goldenen Stab in der Hand, und zwei Flügel aus Papier mit Draht hatte ich auch. Nur fliegen konnte ich nicht. Aber ich bin auf weißen Socken zu den Hirten auf das Feld geschwebt und habe die Arme ausgebreitet und wollte gerade »Friede den Menschen auf Erden!« sagen.

Da ist es passiert. Da hat der Stefan ganz laut gerufen: »Mama, Mama, guck mal, die Julia hat dein Nachthemd an, das mit den Löchern an den Armen!«

Das Nachthemd, das ich anhatte, hat nämlich Lochstickerei an den Armen gehabt. Ich habe dagestanden wie ein Engel aus Porzellan und konnte überhaupt nicht mehr sprechen. Und ich hatte vergessen, was ich sprechen sollte.

Hinter dem Vorhang hat der Pfarrer Weinmar geflüstert: »Friede den Menschen auf Erden! Friede den Menschen auf Erden! Friede den Menschen auf Erden!«

Als er es dreimal geflüstert hat, habe ich es verstanden und es gesagt. Nachher habe ich hinten in dem kleinen Raum neben der Kapelle gehockt und geheult. Und Pfarrer Weinmar hat mich getröstet und Mama auch und der Pfarrer hat zu Mama gesagt:

»Ein Friedensengel, der weint, der passt in unsere kriegerische Zeit!«

Auf dem Weg nach Hause habe ich kein Wort mit dem Stefan gesprochen. Aber zu Mama habe ich gesagt, ich werde dem Stefan das nie verzeihen, das mit dem Nachthemd.

Mama hat gesagt, Stefan hätte es doch nicht so gemeint und wir sollten uns wieder vertragen, weil doch Weihnachten ist.

Ursula Fuchs

Felix holt Senf

Es war am Weihnachtsabend im Jahre 1927 gegen sechs Uhr und Preissers hatten eben beschert. Der Vater balancierte auf einem Stuhl dicht vorm Weihnachtsbaum und zerdrückte die Stearinflämmchen zwischen den angefeuchteten Fingern. Die Mutter hantierte draußen in der Küche, brachte das Essgeschirr und den Kartoffelsalat in die Stube und meinte: »Die Würstchen sind gleich heiß!« Ihr Mann kletterte vom Stuhl, klatschte fidel in die Hände und rief ihr nach: »Vergiss den Senf nicht!«

Sie kam, statt zu antworten, mit dem leeren Senfglas zurück und sagte: »Felix, hol Senf! Die Würstchen sind sofort fertig.«

Felix saß unter der Lampe und drehte an einem kleinen, billigen Fotoapparat herum. Der Vater versetzte dem Fünfzehnjährigen einen Klaps und polterte: »Nachher ist auch noch Zeit. Hier hast du Geld. Los, hol Senf! Nimm den Schlüssel mit, damit du nicht zu klingeln brauchst. Soll ich dir Beine machen?«

Felix hielt das Senfglas, als wollte er damit fotografieren, nahm Geld und Schlüssel und lief auf die Straße. Hinter den Ladentüren standen die Geschäftsleute ungeduldig und fanden sich vom Schicksal ungerecht behandelt. Aus den Fenstern aller Stockwerke schimmerten die Christbäume. Felix spazierte an hundert Läden vorbei und starrte hinein, ohne etwas zu sehen. Er war in einem Schwebezustand, der mit Senf und Würstchen nichts zu tun hatte. Er war glücklich, bis ihm vor lauter Glück das Senfglas aus der Hand aufs Pflaster fiel. Die Rollläden prasselten an den Schaufenstern herunter und Felix merkte, dass er sich seit einer Stunde in der Stadt herumtrieb. Die Würstchen waren inzwischen längst geplatzt. Er brachte es nicht über sich, nach Hause zu gehen. So ganz ohne Senf! Gerade heute hätte er Ohrfeigen nicht gut vertragen.

Herr und Frau Preisser aßen die Würstchen mit Ärger und ohne Senf. Um acht wurden sie ängstlich. Um neun liefen sie aus dem Haus und klingelten bei Felix' Freunden. Am ersten Weihnachtsfeiertag verständigten sie die Polizei. Sie warteten drei Tage vergebens. Sie warteten drei Jahre vergebens. Langsam ging ihre Hoffnung zugrunde, schließlich warteten sie nicht mehr und versanken in hoffnungslose Traurigkeit.

Die Weihnachtsabende wurden von nun an das Schlimmste im Leben der Eltern. Da saßen sie schweigend vorm Christbaum, betrachteten den klei-

nen, billigen Fotoapparat und ein Bild ihres Sohnes, das ihn als Konfirmanden zeigte, im blauen Anzug, den schwarzen Filzhut keck auf dem Ohr. Sie hatten den Jungen so lieb gehabt, und dass der Vater manchmal eine lockere Hand bewiesen hatte, war doch nicht böse gemeint gewesen, nicht wahr? Jedes Jahr lagen die zehn alten Zigarren unterm Baum, die Felix dem Vater damals geschenkt hatte, und die warmen Handschuhe für die Mutter. Jedes Jahr aßen sie Kartoffelsalat mit Würstchen, aber aus Pietät ohne Senf. Das war ja auch gleichgültig, es konnte ihnen doch niemals wieder schmecken.

Sie saßen nebeneinander und vor ihren weinenden Augen verschwammen die brennenden Kerzen zu großen, glitzernden Lichtkugeln. Sie saßen nebeneinander und er sagte jedes Jahr: »Diesmal sind die Würstchen aber ganz besonders gut.« Und sie antwortete jedes Mal: »Ich hol dir die von Felix noch aus der Küche. Wir können jetzt nicht mehr warten.«

Doch um es rasch zu sagen: Felix kam wieder. Das war am Weihnachtsabend im Jahre 1932 kurz nach sechs Uhr … Die Mutter hatte die heißen Würstchen hereingebracht, da meinte der Vater: »Hörst du nichts? Ging nicht eben die Tür?« Sie lauschten und aßen dann weiter. Als jemand ins Zimmer trat, wagten sie nicht, sich umzudrehen. Eine zitternde Stimme sagte: »So, da ist der Senf, Vater.« Und eine Hand schob sich zwischen den beiden alten Leuten hindurch und stellte wahrhaftig ein gefülltes Senfglas auf den Tisch.

Die Mutter senkte den Kopf ganz tief und faltete die Hände. Der Vater zog sich am Tisch hoch, drehte sich trotz der Tränen lächelnd um, hob den Arm, gab dem jungen Mann eine schallende Ohrfeige und sagte: »Das hat aber ziemlich lange gedauert, du Bengel. Setz dich hin!«

Was nützt der beste Senf der Welt, wenn die Würstchen kalt werden? Dass sie kalt wurden, ist erwiesen. Felix saß zwischen den Eltern und erzählte von seinen Erlebnissen in der Fremde, von fünf langen Jahren und vielen wunderbaren Sachen. Die Eltern hielten ihn bei den Händen und hörten vor Freude nicht zu …

Unterm Christbaum lagen Vaters Zigarren, Mutters Handschuhe und der billige Fotoapparat. Und es schien, als hätten fünf Jahre nur zehn Minuten gedauert. Schließlich stand die Mutter auf und sagte: »So, Felix, jetzt hol ich dir deine Würstchen.«

Erich Kästner

Die Leihgabe

Am meisten hat Vater sich jedes Mal zu Weihnachten Mühe gegeben. Da fiel es uns allerdings auch besonders schwer, darüber wegzukommen, dass wir arbeitslos waren. Andere Feiertage, die beging man oder man beging sie nicht; aber auf Weihnachten lebte man zu, und war es erst da, dann hielt man es fest; und die Schaufenster, die brachten es ja oft noch nicht mal im Januar fertig, sich von ihren Schokoladenweihnachtsmännern zu trennen.

Mir hatten es vor allem immer die Zwerge und Kasperles angetan. War Vater dabei, sah ich weg; aber das fiel meist mehr auf, als wenn man hingesehen hätte; und so fing ich dann allmählich doch wieder an, in die Läden zu gucken.

Vater war auch nicht gerade unempfindlich gegen die Schaufensterauslagen, er konnte sich nur besser beherrschen. Weihnachten, sagte er, wäre das Fest der Freude; das Entscheidende wäre jetzt nämlich, nicht traurig zu sein; auch dann nicht, wenn man kein Geld hätte.

»Die meisten Leute«, sagte Vater, »sind bloß am ersten und zweiten Feiertag fröhlich und vielleicht nachher zu Silvester noch mal. Das genügt aber nicht;

man muss mindestens schon einen Monat vorher mit Fröhlichsein anfangen. Zu Silvester«, sagte Vater, »da kannst du dann getrost wieder traurig sein; denn es ist nie schön, wenn ein Jahr einfach so weggeht. Nur jetzt, so vor Weihnachten, da ist es unangebracht, traurig zu sein.«

Vater selber gab sich auch immer große Mühe, nicht traurig zu sein um diese Zeit; doch er hatte es aus irgendeinem Grund da schwerer als ich; wahrscheinlich deshalb, weil er keinen Vater mehr hatte, der ihm dasselbe sagen konnte, was er mir immer sagte.

Es wäre bestimmt auch alles leichter gewesen, hätte Vater noch seine Stelle gehabt. Er hätte sogar wieder als Hilfspräparator gearbeitet; aber sie brauchten

keine Hilfspräparatoren im Augenblick. Der Direktor hatte gesagt, aufhalten im Museum könnte Vater sich gern, aber mit Arbeit müsste er warten, bis bessere Zeiten kämen.

»Und wann, meinen Sie, ist das?«, hatte Vater gefragt.

»Ich möchte Ihnen nicht wehtun«, hatte der Direktor gesagt.

Frieda hatte mehr Glück gehabt; sie war in einer Großdestille am Alexanderplatz als Küchenhilfe eingestellt worden und war dort auch gleich in Logis. Uns war es ganz angenehm, nicht dauernd mit ihr zusammen zu sein; sie war jetzt, wo wir uns nur mittags und abends mal sahen, viel netter.

Aber im Grunde lebten auch wir nicht schlecht. Denn Frieda versorgte uns reichlich mit Essen, und war es zu Hause kalt, dann gingen wir ins Museum rüber; und wenn wir uns alles angesehen hatten, lehnten wir uns unter dem Dinosauriergerippe an die Heizung, sahen aus dem Fenster oder fingen mit dem Museumswärter ein Gespräch über Kaninchenzucht an.

An sich war das Jahr also durchaus dazu angetan, in Ruhe und Beschaulichkeit zu Ende gebracht zu werden. Wenn Vater sich nur nicht solche Sorge um einen Weihnachtsbaum gemacht hätte.

Es kam ganz plötzlich.

Wir hatten eben Frieda in der Destille abgeholt und sie nach Hause gebracht und uns hingelegt, da klappte Vater den Band »Brehms Tierleben« zu, in dem er abends immer noch las, und fragte zu mir rüber:

»Schläfst du schon?«

»Nein«, sagte ich, denn es war zu kalt zum Schlafen.

»Mir fällt eben ein«, sagte Vater, »wir brauchen ja einen Weihnachtsbaum.« Er machte eine Pause und wartete auf meine Antwort.

»Findest du?«, sagte ich.

»Ja«, sagte Vater, »und zwar so einen richtigen, schönen; nicht so einen murkligen, der schon umkippt, wenn man bloß mal eine Walnuss dranhängt.«

Bei dem Wort Walnuss richtete ich mich auf. Ob man nicht vielleicht auch ein paar Lebkuchen kriegen könnte zum Dranhängen?

Vater räusperte sich. »Gott …«, sagte er, »warum nicht, mal mit Frieda reden.«

»Vielleicht«, sagte ich, »kennt Frieda auch gleich jemand, der uns einen Baum schenkt.«

Vater bezweifelte das. Außerdem: So einen Baum, wie er ihn sich vorstellte, den verschenkte niemand, der wäre ein Reichtum, ein Schatz wäre der.

Ob er vielleicht eine Mark wert wäre, fragte ich.

»Eine Mark ...?!« Vater blies verächtlich die Luft durch die Nase: »Mindestens zwei.«

»Und wo gibt's ihn?«

»Siehst du«, sagte Vater, »das überleg ich auch gerade.«

»Aber wir können ihn doch gar nicht kaufen«, sagte ich, »zwei Mark: Wo willst du die denn jetzt hernehmen?«

Vater hob die Petroleumlampe auf und sah sich im Zimmer um. Ich wusste, er überlegte, ob sich vielleicht noch was ins Leihhaus bringen ließe; es war aber schon alles drin, sogar das Grammophon, bei dem ich so geheult hatte, als der Kerl hinter dem Gitter mit ihm weggeschlurft war.

Vater stellte die Lampe wieder zurück und räusperte sich. »Schlaf mal erst; ich werde mir den Fall durch den Kopf gehen lassen.«

In der nächsten Zeit drückten wir uns bloß immer an den Weihnachtsbaumverkaufsständen herum. Baum auf Baum bekam Beine und lief weg; aber wir hatten noch immer keinen.

»Ob man nicht doch ...?«, fragte ich am fünften Tag, als wir gerade wieder im Museum unter dem Dinosauriergerippe an der Heizung lehnten.

»Ob man was?«, fragte der Vater scharf.

»Ich meine, ob man nicht doch versuchen sollte, einen gewöhnlichen Baum zu kriegen?«

»Bist du verrückt?!« Vater war empört. »Vielleicht so einen Kohlstrunk, bei dem man nachher nicht weiß, soll es ein Handfeger oder eine Zahnbürste sein? Kommt gar nicht in Frage.«

Doch was half es; Weihnachten kam näher und näher. Anfangs waren die Christbaumwälder in den Straßen noch aufgefüllt worden; aber allmählich lichteten sie sich und eines Nachmittags waren wir Zeuge, wie der fetteste Christbaumverkäufer vom Alex, der Kraftriemen-Jimmy, sein letztes Bäumchen, ein wahres Streichholz von einem Baum, für drei Mark fünfzig verkaufte, aufs Geld spuckte, sich aufs Rad schwang und wegfuhr.

Nun fingen wir doch an, traurig zu werden. Nicht schlimm; aber immerhin, es genügte, dass Frieda die Brauen noch mehr zusammenzog, als sie es sonst schon zu tun pflegte, und dass sie uns fragte, was wir denn hätten.

Wir hatten uns zwar daran gewöhnt, unseren Kummer für uns zu behalten, doch diesmal machten wir eine Ausnahme und Vater erzählte es ihr.

Frieda hörte aufmerksam zu. »Das ist alles?« Wir nickten.

»Ihr seid aber komisch«, sagte Frieda, »wieso geht

ihr denn nicht einfach in den Grunewald einen klauen?«

Ich habe Vater schon häufig empört gesehen, aber so empört wie an diesem Abend noch nie.

Er war kreidebleich geworden. »Ist das dein Ernst?«, fragte er heiser.

Frieda war sehr erstaunt. »Logisch«, sagte sie, »das machen doch alle.«

»Alle ...!«, echote Vater dumpf. »Alle ...!« Er erhob sich steif und nahm mich bei der Hand. »Du gestattest wohl«, sagte er darauf zu Frieda, »dass ich erst den Jungen nach Hause bringe, ehe ich dir hierauf die gebührende Antwort erteile.«

Er hat sie ihr niemals erteilt. Frieda war vernünftig; sie tat so, als ginge sie auf Vaters Zimperlichkeit ein, und am nächsten Tag entschuldigte sie sich.

Doch was nützte das alles; einen Baum, gar einen Staatsbaum, wie Vater ihn sich vorstellte, hatten wir deshalb noch lange nicht.

Aber dann – es war der dreiundzwanzigste Dezember und wir hatten eben wieder unseren Stammplatz unter dem Dinosauriergerippe bezogen – hatte Vater die große Erleuchtung.

»Haben Sie einen Spaten?«, fragte er den Museumswärter, der neben uns auf seinem Klappstuhl eingenickt war.

»Was?!«, rief der und fuhr auf. »Was habe ich?!«

»Einen Spaten, Mann«, sagte Vater ungeduldig, »ob Sie einen Spaten haben.«

Ja, den hätte er schon. Ich sah unsicher an Vater empor. Er sah jedoch leidlich normal aus; nur sein Blick schien mir eine Spur unsteter zu sein als sonst.

»Gut«, sagte er jetzt, »wir kommen heute mit Ihnen nach Hause und Sie borgen ihn uns.«

Was er vorhatte, erfuhr ich erst in der Nacht.

»Los«, sagte Vater und schüttelte mich, »steh auf!«

Ich kroch schlaftrunken über das Bettgitter. »Was ist denn los?«

»Pass auf«, sagte Vater und blieb vor mir stehen: »Einen Baum stehlen, das ist gemein; aber sich einen borgen, das geht.«

»Borgen …?«, fragte ich blinzelnd.

»Ja«, sagte Vater. »Wir gehen jetzt in den Friedrichshain und graben eine Blautanne aus. Zu Hause stellen wir sie in die Wanne mit Wasser, feiern morgen dann Weihnachten mit ihr und nachher pflanzen wir sie wieder am selben Platz ein. Na …?« Er sah mich durchdringend an.

»Eine wunderbare Idee«, sagte ich.

Summend und pfeifend gingen wir los; Vater den Spaten auf dem Rücken, ich einen Sack unter dem

Arm. Hin und wieder hörte Vater auf zu pfeifen und wir sangen zweistimmig »Morgen, Kinder, wird's was geben« und »Vom Himmel hoch, da komm ich her«. Wie immer bei solchen Liedern hatte Vater Tränen in den Augen und auch mir war schon ganz feierlich zumute.

Dann tauchte vor uns der Friedrichshain auf und wir schwiegen. Die Blautanne, auf die Vater es abgesehen hatte, stand inmitten eines strohgedeckten Rosenrondells. Sie war gut anderthalb Meter hoch und ein Muster an ebenmäßigem Wuchs.

Da der Boden nur dicht unter der Oberfläche gefroren war, dauerte es auch gar nicht lange und Vater hatte die Wurzeln freigelegt. Behutsam kippten wir den Baum darauf um, schoben ihn mit den Wurzeln in den Sack, Vater hing seine Joppe über das Ende, das raussah, wir schippten das Loch zu, Stroh wurde drübergestreut, Vater lud sich den Baum auf die Schultern und wir gingen nach Hause. Hier füllten wir die große Zinkwanne mit Wasser und stellten den Baum rein.

Als ich am nächsten Morgen aufwachte, waren Vater und Frieda schon dabei, ihn zu schmücken. Er war jetzt mit Hilfe einer Schnur an der Decke befestigt und Frieda hatte aus Stanniolpapier allerlei Sterne geschnitten, die sie an seinen Zweigen aufhängte; sie sahen sehr hübsch aus. Auch einige Lebkuchenmänner sah ich hängen.

Ich wollte den beiden den Spaß nicht verderben; daher tat ich so, als schliefe ich noch. Dabei überlegte ich mir, wie ich mich für ihre Nettigkeit revanchieren könnte.

Schließlich fiel mir ein: Vater hatte sich einen Weihnachtsbaum geborgt, warum sollte ich es nicht fertig bringen, mir über die Feiertage unser verpfändetes Grammophon auszuleihen? Ich tat also, als wachte ich eben erst auf, bejubelte vorschriftsmäßig den Baum und dann zog ich mich an und ging los.

Der Pfandleiher war ein furchtbarer Mensch; schon als wir zum ersten Mal bei ihm gewesen waren und Vater ihm seinen Mantel gegeben hatte, hätte ich

dem Kerl sonst was zufügen mögen; aber jetzt musste man freundlich zu ihm sein.

Ich gab mir auch große Mühe. Ich erzählte ihm was von zwei Großmüttern und »gerade zu Weihnachten« und »letzte Freude auf alte Tage« und so, und plötzlich holte der Pfandleiher aus und haute mir eine herunter und sagte ganz ruhig: »Wie oft du sonst schwindelst, ist mir egal; aber zu Weihnachten wird die Wahrheit gesagt, verstanden?«

Darauf schlurfte er in den Nebenraum und brachte das Grammophon an.

»Aber wehe, ihr macht was an ihm kaputt! Und nur für drei Tage! Und auch bloß, weil du's bist!«

Ich machte einen Diener, dass ich mir fast die Stirn an der Kniescheibe stieß; dann nahm ich den Kasten unter den einen, den Trichter unter den anderen Arm und rannte nach Hause.

Ich versteckte beides erst mal in der Waschküche. Frieda allerdings musste ich einweihen, denn die hatte die Platten; aber Frieda hielt dicht.

Mittags hatte uns Friedas Chef, der Destillenwirt, eingeladen. Es gab eine tadellose Nudelsuppe, anschließend Kartoffelbrei mit Gänseklein. Wir aßen, bis wir uns kaum noch erkannten; darauf gingen wir, um Kohlen zu sparen, noch ein bisschen ins Museum zum Dinosauriergerippe; und am Nachmittag kam Frieda und holte uns ab.

Zu Hause wurde geheizt. Dann packte Frieda eine Riesenschüssel voll übrig gebliebenem Gänseklein, drei Flaschen Rotwein und einen Quadratmeter Bienenstich aus, Vater legte für mich seinen Band »Brehms Tierleben« auf den Tisch, und im nächsten unbewachten Augenblick lief ich in die Waschküche runter, holte das Grammophon rauf und sagte Vater, er sollte sich umdrehen.

Er gehorchte auch; Frieda legte die Platten raus und steckte die Lichter an und ich machte den Trichter fest und zog das Grammophon auf.

»Kann ich mich umdrehen?«, fragte Vater, der es

nicht mehr aushielt, als Frieda das Licht ausgeknipst hatte.

»Moment«, sagte ich, »dieser verdammte Trichter – denkst du, ich krieg das Ding fest?«

Frieda hüstelte.

»Was denn für ein Trichter?«, fragte Vater.

Aber da ging es schon los. Es war »Ihr Kinderlein, kommet«; es knarrte zwar etwas und die Platte hatte wohl auch einen Sprung, aber das machte nichts. Frieda und ich sangen mit und da drehte Vater sich um. Er schluckte erst und zupfte sich an der Nase, aber dann räusperte er sich und sang auch mit.

Als die Platte zu Ende war, schüttelten wir uns die Hände und ich erzählte Vater, wie ich das mit dem Grammophon gemacht hatte.

Er war begeistert. »Na?«, sagte er nur immer wieder zu Frieda und nickte dabei zu mir rüber: »Na ...?«

Es wurde ein sehr schöner Weihnachtsabend. Erst sangen und spielten wir die Platten durch; dann spielten wir sie noch mal ohne Gesang; dann sang Frieda noch mal alle Platten allein; dann sang sie mit Vater noch mal und dann aßen wir und tranken den Wein aus und darauf machten wir noch ein bisschen Musik; und dann brachten wir Frieda nach Hause und legten uns auch hin.

Am nächsten Morgen blieb der Baum noch aufgeputzt stehen. Ich durfte liegen bleiben und Vater machte den ganzen Tag Grammophonmusik und pfiff zweite Stimme dazu.

Dann, in der folgenden Nacht, nahmen wir den Baum aus der Wanne, steckten ihn, noch mit den Stanniolpapiersternen geschmückt, in den Sack und brachten ihn zurück in den Friedrichshain.

Hier pflanzten wir ihn wieder in sein Rosenrondell. Darauf traten wir die Erde fest und gingen nach Hause. Am Morgen brachte ich dann auch das Grammophon weg.

Den Baum haben wir noch häufig besucht; er ist wieder angewachsen. Die Stanniolpapiersterne hingen noch eine ganze Weile in seinen Zweigen, einige sogar bis in den Frühling.

Vor ein paar Monaten habe ich mir den Baum wieder mal angesehen. Er ist jetzt gute zwei Stock hoch und hat den Umfang eines mittleren Fabrikschornsteins. Es mutet merkwürdig an, sich vorzustellen, dass wir ihn mal zu Gast in unserer Wohnküche hatten.

Wolfdietrich Schnurre

Ochs & Esel an der Krippe

Ein Ochs aus dem Norden und ein Esel aus dem Süden wurden vor 1988 Jahren plötzlich von der Reiselust gepackt. Den Ochsen zog es nach Süden und den Esel nach Norden. So wanderten sie aus eigenem Antrieb, der bei diesen Tieren sehr selten ist, aufeinander zu. Sie trafen auf der Hochebene von Palästina, in der Nähe des Dorfes Bethlehem, zusammen.

Kurz vor dem Zusammentreffen hatte sich der Ochs gedacht, dass es wieder einmal schön sein müsste, mit jemandem »Blinde Kuh« spielen zu können. Eine Ewigkeit hatte er schon nicht mehr »Blinde Kuh« gespielt. Da kam ihm der Esel gerade recht.

Doch wie es bei Eseln so Brauch ist, widersprach dieser dem Ochsen. Nicht, weil er nicht wollte. Auch er hatte schon eine Ewigkeit nicht mehr »Blinde Kuh« gespielt. Aber er meinte, es sollten mehr als zwei Spieler »Blinde Kuh« spielen. Weil das Spiel dann lustiger sei. Damit hatte er den Ochsen auch schon überredet. Wo aber mochten die Mitspieler sein?

Die beiden entschieden sich für Norden, obwohl sie genauso gut in Richtung Westen hätten gehen können. So trafen sie, als dritten Mitspieler, ein Schaf.

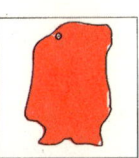

Es tat ziemlich begeistert, obwohl es keine Ahnung hatte, wie man »Blinde Kuh« spielt. Lieber »Blinde Kuh« spielen, als von einem Wolf gefressen zu werden, sagte sich das Schaf, denn es war von der Herde abgekommen.

Jetzt brauchten die drei nur noch eine Augenbinde und vielleicht einige weitere Mitspieler. Voller Hoffnung zogen sie in Bethlehem ein.

Sie klopften an die erste Tür und wurden abgewiesen. An der zweiten Tür wurden sie ausgelacht und an einer anderen sogar beschimpft. Viele Türen wurden überhaupt nicht geöffnet.

So standen sie in der Mitte des Ortes Bethlehem, es war kalt und der Wind drang durch Mark und Bein. Die Dunkelheit legte sich wie ein schwarzes Tuch um ihre Augen. So war ihnen das »Blinde-Kuh«-Spielen gründlich vergangen.

Ich verstehe die Welt nicht mehr, sagte der Ochs.

Der Esel dachte kurz nach und sagte: Ich habe die Welt nie verstanden. Das Schaf nickte zweimal, sagte aber nichts.

Dann kamen die drei zu einem Stall, in welchem Leute wohnten.

Jetzt wohnen die Menschen schon in unseren Ställen, empörte sich der Ochs. Das ist aber nicht unser Stall, sagte das Schaf. Trotzdem, sagte der Esel, was würden die Leute sagen, wenn wir in ihren Häusern wohnten ...

Der Ochs, der Esel und das Schaf waren schon so hungrig, dass sie einfach hineingingen. Doch an der Futterkrippe mussten sie sich schon wieder aufregen. Weil darin ein nacktes Kind lag.

Das Schaf war so klein, dass es von oben nicht hineinsehen konnte. Es wusste nicht, worüber sich die beiden anderen so aufregten, und fraß unbekümmert die Halme, welche unten durch das Gitter der Krippe herausragten. Dabei kitzelte es die Haut des Kindes, das darüber lachen musste. Der Ochs und der Esel glaubten, sie würden ausgelacht. Empört schnaubten sie ihren Atem aus den Nüstern. Davon wurde dem Kind ganz warm.

Unbeirrt fraß das Schaf weiter, Ochs und Esel schnaubten immer wilder und dem Kind wurde immer wohler.

Ochs und Esel waren dermaßen beeindruckt, dass sie ganz still stehen blieben und nur noch neidisch dem vergnügten Kind und dem ahnungslosen Schaf zuschauten. In dieser Haltung wurden sie ein leichtes Opfer für alle Holzschnitzer und Tonformer. Seitdem sind sie von der Krippe nicht mehr wegzudenken.

Irgendwie, auch wenn sie es nicht gemerkt haben, ist es doch noch was mit dem »Blinde-Kuh«-Spielen

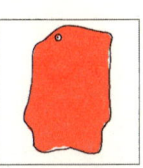

geworden. Das Schaf ist dabei nicht ganz unschuldig gewesen. Obwohl es bis heute keine Ahnung hat, wie »Blinde Kuh« wirklich gespielt wird.

Eberhard Haidegger

Der Bär und der Vogel

Es war einmal ein Bär, der lebte sieben Meilen weg von den Leuten, am Fuße eines Berges, und bewohnte dort eine kleine, freundliche Höhle.

Im Sommer ging es ihm gut, verdiente er doch seinen Lebensunterhalt mit Bienenzucht und Honighandel, Beerensammeln und ähnlichen kleineren Arbeiten. Auch mit den Waldleuten vertrug er sich gut, weil er leutselig war, auch niemals hinterlistig oder nachtragend, wenn ihn jemand im Spaß oder aus Versehen gehänselt hatte. Gemeinheit oder Bosheit waren ihm fremd und er war für die anderen Tiere so wie ein lieber Großvater. Sie kamen zu ihm und flüsterten ihre Sorgen in sein Ohr, der Bär sagte nie etwas weiter.

Auch im Winter ging es ihm nicht schlecht. Er hatte einen warmen Mantel aus Bärenfell und er hatte kleine Vorräte in seiner Höhle angelegt, die fast immer ausreichten. Er hatte Honig, etwas Espenlaub (was zerrieben, mit Pilzen und Schnee angerührt, mit Honig gesüßt, ein wunderbares Bärenmahl ergibt) und er hatte Baumblätter, sauber gefaltet, unter seinem Kopfkissen gesammelt, auf denen er an langen Winterabenden die Geschichte vom Sommer lesen konnte.

Nur im letzten Winter, da war es besonders kalt. Der Wind hatte dem Bären den Schnee bis direkt vor das Bett geweht. Die Luft war wie kaltes Glas und die Vögel fielen erstarrt in den Schnee. Und als die Heilige Nacht kam, stand der Mond kümmerlich und blass am Himmel. Dem Bären war es so kalt wie noch nie und er sagte sich: »Es ist so kalt, dass ich es nicht mehr aushalten kann. Ich werde jetzt in die Stadt gehen zu den Menschen. Vielleicht treffe ich einen Bekannten oder finde einen warmen Platz am Ofen oder jemand schenkt mir eine Brotsuppe. Heute ist die große Nacht, da sind die Menschen gut zueinander.«

Da hatte er auch Recht.

Er rieb sich die Pfoten, ging vor die Höhle und rief in den Wald: »Geht jemand mit in die Stadt? Es gibt eine warme Brotsuppe und ein schönes Fest. Niemand?«

Bloß das Echo rief zurück: Niemand.

Da ging der Bär allein den Rehweg entlang, der ja geradeaus zu den ersten Häusern führt. Lieber wäre er nicht allein gegangen, denn der Weg ist besser, wenn man ihn zu zweit wandert. Manchmal blieb er deshalb stehen, hielt die Pfoten an die Schnauze und rief: »Niemand, der mitgeht in die Stadt? Es gibt ein großes Fest.«

Aber es kam keine Antwort.

Und als es immer kälter wurde und der Bär nach vorn fiel, in den Himmel sah und dann die Augen schloss, kam ein kleiner Vogel geflogen, setzte sich auf sein Ohr, pickte ihn und sagte: »Kalt ist es, Bär! Könntest du mich ein Stück tragen? Ich kann nicht mehr fliegen wegen der Kälte und ich würde dir ein bisschen vorsingen.«

Da stand der Bär auf, nahm den federleichten Vogel auf seine Schulter, und sie gingen zusammen in die Stadt.

Während sie gingen, versuchte der Vogel ein Lied, so gut es bei der Kälte möglich war.

Der Bär lauschte, der Sommer fiel ihm wieder ein und er ging ganz vorsichtig, um die Melodie nicht zu verwackeln.

Es war schon mitten in der Nacht, als sie in die Stadt kamen. Hinter den Fenstern waren die Kerzen ausgebrannt und die Leute waren unterwegs in die Kirche.

Der Bär ging hinter ihnen her und lauschte dem Lied, das der Vogel ihm ganz leise ins Ohr sang. In seinen Augen ging ein kleines Licht auf. Der Vogel sah es, wärmte sich daran und bald schnitt ihnen auch die Kälte nicht mehr so in die Beine.

Als sie an der Kirche ankamen, ließ der Küster sie

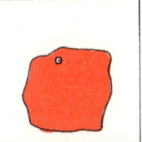

nicht hinein: »Bären und Vögel haben hier bitte keinen Zutritt. Das ist die Vorschrift. Auch kann ich keine Ausnahme machen, denn die Kirche ist überfüllt. Kinder und alte Frauen könnten sich ängstigen. Morgen oder übermorgen geht es vielleicht, denn meistens bin ich nicht so streng.«

Das Letzte sagte er, weil heute Weihnachten war.

Aber dem Bären und dem Vogel war das egal. Sie froren nicht mehr und setzten sich neben die Tür. Der Himmel war ihnen wie ein großes Dach und die Welt hatte keinen Anfang und kein Ende.

Kinder kamen vorbei und sagten zu ihren Müttern und Vätern: »Was ist dort mit dem Bären? Ist er ein verwunschener Prinz oder etwa der Bärenkönig persönlich?«

»Kein Prinz und kein König«, sagten die Eltern, »wir haben jetzt keine Zeit und morgen werden wir ihm etwas zu fressen bringen. Schluss jetzt!«

Als der Vogel immer leiser sang und der Bär sah, dass er die Augen zuhatte, verbarg er ihn vorsichtig und warm in seinen Pfoten und rührte sich nicht, um ihn nicht zu wecken. Auch dem Bären fielen bald die Augen zu und er träumte das Lied zu Ende.

Inzwischen kamen die Leute aus der Kirche, gingen vorbei und nach Haus, denn das Fest hatte sie müde gemacht.

Die Kirchentür wurde verschlossen und der Küster hatte Feierabend.

Als die Nacht aber am höchsten war, kam ein Engel vorbei und trug die beiden zurück in einen Wald, in dem es niemals wieder so kalt wurde.

Janosch

Herbergssuche

Am 16. Dezember, kurz vor den Weihnachtsferien, führte die 4 A für die Eltern ein Singspiel auf. »Herbergssuche« hieß es.

Der Michi war der Wirt, der die Herbergstür versperrt hatte.

»Wer klopfet an …«, sang er.

Die Kathi und der Peter waren Josef und Maria, die an die Tür pochten.

»Wir sind zwei arme Leut …«, sangen sie.

»Was wollt ihr hier …«, sang der Michi.

»Wir wollen Herberg heut …«, sangen die Kathi und der Peter.

»Nein, nein, nein, das kann nicht sein …«, sang der Michi. Die anderen Kinder der 4 A waren der Chor. Die sangen auch »Nein, nein, nein, das kann nicht sein …«

Die Eltern waren schrecklich gerührt. Ein paar Mamas weinten. Sogar ein Papa hatte Tränen in den Augen.

Zwei der Mamas, die vor lauter Mitleid mit Josef und Maria geweint hatten, kritzelten gleich, als sie vom Singspiel heimgingen, ihren Namen auf eine Unterschriftenliste, die ihnen ein junger Mann hin-

hielt. Über den Spalten für Namen und Adresse stand mit großen Buchstaben:
DAS BOOT IST VOLL!
ASYLANTEN RAUS!

Christine Nöstlinger

Konsumanekdote

Als Hunde aus der Mode kamen, weil sie zur Ferienzeit so schwierig unterzubringen waren, bot eine Tierhandlung als neueste Züchtung einen Hund an, der, Weihnachten geschenkt, rechtzeitig vor den Sommerferien stürbe.

James Krüss

Heiliger Abend

Eine Stunde vor Weihnacht
hatten sich zwei Engel
unter die Flimmergirlanden
der Kaufallee verirrt,
hielten geblendet
den Arm vor die Augen,
flogen unerkannt weiter.
In der Vorstadt
trafen sie einen Mann,
der noch in der Kälte kniete,
Straßenbahnschienen
schweißte und schliff.
Die Apparate versprühten
Kometenschwänze in alle vier
Winde.
Ihn nahmen die Engel mit
in die Kneipe.
Er hielt sie um die Schultern gefasst
und fühlte sich besänftigt wie nie.

Hans Manz

*Den Tannenbaum in Kerzenpracht
hat hier das Christkind euch gebracht.*

Der Engel auf dem Dach

Es war einmal eine Großmutter, die hatte kein Talent für Weihnachten. Sie konnte weder backen noch stricken, noch singen oder gar Geschichten erzählen. Sie hatte auch keine Lust dazu. Viel lieber setzte sie sich am Heiligabend auf einen Kamin, hoch oben auf einem Hausdach, und schaute den Weihnachtsengeln beim Fußballspielen zu.

So könnte diese Geschichte, die, das schwöre ich, ganz bestimmt kein Märchen ist – oder vielleicht doch? –, beginnen.

Aber ich fange lieber einen Tag früher an und erzähle, was wirklich passiert ist.

Das gibt es doch nicht, denke ich, das gibt es doch nicht, dass mir überhaupt nichts einfällt!

Seit zwei Stunden sitze ich am Schreibtisch und zerbreche mir den Kopf über eine Geschichte, die ich erfinden will. Sich den Kopf zu zerbrechen, ist glücklicherweise nur eine Redensart. Und so ist mein Kopf selbstverständlich noch ganz in Ordnung. Trotzdem fällt mir einfach nichts ein.

Schließlich stehe ich vom Schreibtisch auf, trete ans Fenster und sehe hinaus. Genau in diesem

Augenblick passiert es. Ich entdecke einen Weihnachtsengel auf der Fernsehantenne.

Wenn ich sonst aus dem Fenster gucke, sehe ich Hausdächer, Schornsteine, Kirchturmspitzen, Baumspitzen, große und kleine Dachfenster, ich sehe Leute, die sich hinter den Fenstern bewegen, den Himmel über der Stadt und die Wolken und natürlich eine Menge Fernsehantennen, größere und kleinere, solche, die der Wind schief gestellt hat, andere, die wie dünne, rostige Bäume mit vielen Ästen aussehen. Manchmal sitzt eine Amsel auf so einem Ast aus Metall, aber niemals ein Weihnachtsengel.

Der, den ich entdecke, der sitzt auch nicht; der macht Klimmzüge an einer Fernsehantenne. Er sieht ganz normal aus, wie Weihnachtsengel eben so aussehen: ungefähr so groß wie ein Zehnjähriger, schwarze Wuschelhaare, eine Stupsnase, zwei Flügel auf dem Rücken, dort, wo sie hingehören, und ein weißes, langes Hemd am Leib.

Ich reiße erschreckt das Fenster auf. »He!«, schreie ich hinüber zum anderen Hausdach. »He, du! Pass auf, dass du nicht runterfällst!«

So ein Unsinn. Er hat ja Flügel.

Mit einem Bauchaufschwung setzt er sich rittlings auf einen Antennenarm, schaukelt fröhlich hin und her und streckt mir die Zunge heraus.

Dürfen Weihnachtsengel das?

»Ich übe!«, ruft er zurück. »Ich übe für die Weihnachtsengelweltmeisterschaft!«

Weihnachtsengelweltmeisterschaft? Nie davon gehört.

Es scheint ein zutraulicher Weihnachtsengel zu sein. Etwas später fliegt er von einem Hausdach zum anderen und setzt sich auf mein Fensterbrett.

»Wann findet denn die Weihnachtsengelweltmeisterschaft statt?«, erkundige ich mich.

»An Weihnachten, wann sonst?« Seine Hände sind schwarz vom Herumturnen an der Fernsehantenne. Er wischt sie an seinem schönen, weißen Hemd ab. Wie zufällig berühre ich einen seiner Flügel mit den Fingerspitzen. Er fühlt sich ganz echt an und sieht aus, als sei er aus großen, weißen Federn gemacht.

»An Weihnachten«, wende ich ein, »an Weihnachten habt ihr doch etwas anderes zu tun.«

Er baumelt mit den nackten Füßen, grinst fröhlich und fragt, ob ich ihm nicht ein Glas Milch spendieren könnte. Milch ist gut, wenn einer sportlich fit bleiben möchte. Ich bitte ihn, nicht wegzufliegen, und hole aus der Küche ein großes Glas Milch. Das trinkt er in einem Zug aus, wischt sich die Lippen mit dem Handrücken ab und hat nun auch Dreckspuren im Gesicht.

»Warum macht ihr die Weltmeisterschaft nicht im Sommer?«, frage ich. »Da habt ihr doch nichts zu tun.«

Wahrscheinlich, überlege ich, sage es aber nicht laut, wahrscheinlich liegen Weihnachtsengel im Sommer auf der faulen Haut unter einem Sonnenschirm am Strand und lassen es sich gut gehen, während ich auch im Sommer Geschichten erfinde. »Geht nicht«, antwortet er. »Im Sommer halten Weihnachtsengel Sommerschlaf.«

Na bitte. Aber zur Weihnachtszeit, da haben Weihnachtsengel doch alle Hände voll zu tun, so wie die Osterhasen zu Ostern. Oder etwa nicht? Wie, bitte schön, findet ein Osterhase zu Ostern Zeit, an einem Reck zu turnen, Kugeln zu stoßen oder einen Speer zu werfen? Denn alles das gehört ja zu einer Weltmeisterschaft.

Der Weihnachtsengel auf dem Fenstersims meiner Dachwohnung im vierten Stock erzählt mir stolz, dass er letztes Weihnachten die Bronzemedaille am Reck geholt hat. Dieses Jahr will er Silber schaffen und beim nächsten Mal natürlich Gold.

Die Weihnachtsengelweltmeisterschaft selbst findet am Heiligabend statt, erklärt er mir. Dann sprinten die kleinen Engel über Hausdächer, springen von Kamin zu Kamin oder im Stabhochsprung quer über eine Straße, von einer Regenrinne zur anderen. Zum

Kugelstoßen benutzen sie Flachdächer, zum Geräteturnen die Fernsehantennen und das Bodenturnen absolvieren sie selbstverständlich in der Luft, hoch über der Stadt, wie Engel das eben so tun; sie haben ja Flügel.

»Und was ist mit der Bescherung an Heiligabend?«, will ich wissen.

Der Weihnachtsengel bohrt nachdenklich in der Nase.

»Die Kinder warten doch auf ihre Geschenke!«, sage ich.

»Ja, ja«, antwortet er, hört auf, in der Nase zu bohren, und kratzt sich nun etwas verlegen hinterm rechten Ohr. »Du hast ja Recht«, gibt er zu und ich bin stolz, dass er mich duzt. Wer kann schon von sich behaupten, mit einem Weihnachtsengel auf du und du zu stehen?

»Du hast ja Recht«, sagt er noch einmal. »Die Sache ist nur die, dass wir gar nicht mehr gebraucht werden.«

Wie bitte? Hat sich Weihnachten etwa verändert? Als ich ein kleines Mädchen war, habe ich jedes Mal auf den Weihnachtsengel gewartet, wegen der Geschenke.

»Wer wartet denn heute noch auf einen Weihnachtsengel?« Der Weihnachtsengel lacht etwas bekümmert. »Ihr kauft doch heutzutage die Geschenke in den Warenhäusern und schließt an Weihnachten Fenster und Türen zu. Da hat unsereins keine Chance, das musst du zugeben!«

Ja. Es bleibt mir nichts anderes übrig, als zuzugeben, dass ein Weihnachtsengel heutzutage kaum noch Chancen hat.

»Und deshalb«, so erklärt er mir, »haben wir die Weihnachtsengelweltmeisterschaft erfunden. Irgendetwas müssen wir ja an Weihnachten tun. Wir können doch nicht nur dumm aus der Wäsche gucken.«

Ich fühle, wie ich genauso bekümmert werde wie er. Die Weihnachtsengel tun mir Leid.

Das scheint jedoch gar nicht nötig zu sein.

Der stupsnasige, wuschelhaarige Weihnachtsengel auf meinem Fensterbrett grinst mich wieder fröhlich an, baumelt mit den Beinen und fragt, ob ich ihm vielleicht einen Regenschirm leihen könnte. Zu Recht. Es sieht nach Regen aus.

Ich hole den Regenschirm, den einzigen, den ich noch nicht verloren habe, und mein Weihnachtsengel verspricht, gelegentlich wiederzukommen und mir seine Kür an einer Fernsehantenne vorzuturnen.

»Wenn du Lust hast«, meint er, »kannst du natürlich auch unser Ehrengast an Weihnachten sein. Du musst dich nur trauen, auf einem Kamin zu sitzen.«

Mir wird ein bisschen schwindelig bei diesem Gedanken, aber ich will es mir überlegen.

Dann spannt er den Schirm auf und fliegt davon.

Ich blicke ihm nach. Wenn er, denke ich, wenn er kein Weihnachtsengel und ich nicht schon Großmutter, sondern noch ein kleines Mädchen wäre, ja, dann könnte ich mich sofort in ihn verlieben.

Ich schließe das Fenster, kehre an meinen Schreibtisch zurück und schreibe diese Geschichte auf, die ich gar nicht erst erfinden muss.

So endet diese Geschichte – oder fängt sie gerade erst an? Wie dem auch sei, ich schwöre, ich habe noch nie auf einem Kamin gesessen. Das hat einen guten Grund. Ich bin nämlich nicht schwindelfrei.

Angelika Mechtel

Engel

Engel?
Gesehen nie.
Gehört einiges.
Manchmal –
öfter schon
wenn's mich gerade
so im letzten Moment
zurückhält von was
das schlimm verkehrt wär
dann frag ich mich doch:
Ob das ein Engel war?
Oder was sonst?
Was denn?
Etwas war's.

Hilde Roth

Gar fern am stillen Waldessaum,
da steht ein junger Tannenbaum.
Der Wind streicht durch sein grünes Kleid.
Wie lange wird ihm doch die Zeit!

*Da plötzlich kam zum grünen Tann
mit blanker Axt ein finstrer Mann.
Der schlägt die zarte Tanne um,
sagt nicht wohin und nicht warum.*

*Der hat sie auf dem Schlitten sacht
zum Christmarkt in die Stadt gebracht,
wo bunt die Leut' des Weges wandeln.
Ein reicher Herr tat sie erhandeln.*

*Und als der Heilige Abend war,
da jubelt laut die kleine Schar,
da strahlt der Christbaum hell von Kerzen,
voll Spielzeug und voll Zuckerherzen.*

*Das Zuckerzeug war bald verzehrt,
da ward der Christbaum abgeleert.
Wehmütig stehn herum die Kleinen:
Aufs Jahr erst gibt es wieder einen.*

Drei Tage nach dem heil'gen Christ,
da lag er draußen auf dem Mist.
Der Wind strich durch sein grünes Kleid.
Dahin ist alle Herrlichkeit!

Ein hellblauer Pullover

Als ich klein war, glaubte ich – wie damals alle anderen kleinen Kinder – an das Christkind. Das tat ich auch noch, als ich in die Schule kam. Aber dann, Anfang Dezember, sagte mir meine große Schwester – ganz geheim natürlich –, dass es kein Christkind gibt! Dass einem die Eltern das bloß vorschwindeln und in Wirklichkeit selbst die Geschenke besorgen. Zuerst wollte ich es gar nicht glauben. Aber meine große Schwester beschwor es mit zwei erhobenen Fingern und »bei meinem Augenlicht« und der Schwur, das wusste ich, war ihr heilig. Damit machte sie keine Späße!

»Warum lügen die denn so?«, fragte ich.

»Macht ihnen halt Spaß!«, sagte meine große Schwester. »So wie die Sache mit dem Storch und dem Zuckerstück und den Babys.« Und dann verlangte sie, ich dürfe unserer Mutter ja nicht sagen, dass ich nun die Wahrheit wisse! Sonst würde unsere Mutter bitterböse auf sie sein.

Ein paar Tage später, in der Schule, malte die Frau Lehrerin einen geschmückten Tannenbaum an die Tafel. Und erzählte uns vom Christkind. Dass es hübsche, kleine Flügel habe und einen Heiligenschein und einen Schlitten, auf den die Geschenke gepackt sind. Und zwei Rentiere, die ihm helfen, den schweren Schlitten zu ziehen. Und weil es auf der Reise vom Himmel zur Erde runter ja schrecklich kalt sei, habe das arme Christkind ganz klamme Fingerchen und ein rot gefrorenes Näschen. Aber solch Ungemach nehme es auf sich, weil es alle Kinder so lieb habe. Das ärgerte mich! Dass mir meine Mutter und meine Großmutter etwas vorgeschwindelt hatten, fand ich nicht so schlimm. Die beiden flunkerten oft. Und sie waren auch nie sehr empört, wenn jemand anderer ein bisschen mogelte. Aber die Frau Lehrerin sagte immer, dass man unbedingt die Wahrheit sagen müsse, dass jede Lüge eine schwere Sünde sei! Ich hob meine zwei Aufzeigefinger.

»Ja, Christerl?«, fragte die Frau Lehrerin.

Ich stand auf und sagte: »Bitte, es gibt kein Christkind! Das wird den Kindern nur vorgelogen!«

Die Evi, die neben mir saß, tippte sich mit einem Zeigefinger an die Stirn. Die Erika, die vor mir saß, drehte sich um und rief: »Spinnst du?« Die Susi, die hinter mir saß, boxte mich in den Po und fragte: »Bist du plemplem geworden?« Und alle anderen Kinder rundherum schauten mich an, als hätte ich die grausliche Krätze. Und da ging die Klassentür auf und die Frau Direktor kam herein. Die merkte die

Unruhe in der Klasse und fragte: »Ja, was ist denn da los?«

Die Frau Lehrerin zeigte auf mich und sagte: »Sie wollte uns gerade weismachen, dass es kein Christkind gibt!« Dabei schüttelte sie bekümmert den Kopf. Als ob sie traurig sei, ein so vertrotteltes Kind unterrichten zu müssen.

Ich dachte: Gleich wird die Frau Direktor sagen, dass ich Recht habe, und dann werden alle anderen blöd schauen! Aber die Frau Direktor schaute mich auch bloß traurig an und sagte: »Wenn du nicht an das Christkind glaubst, wird es dir wohl auch nichts bringen, du armes Kind!«

Dann ging sie zur Frau Lehrerin und tuschelte mit der ein bisschen. Ich setzte mich wieder hin. Die Kinder in der Klasse schauten mich jetzt nicht nur an, als ob ich die Krätze hätte, sondern auch als ob ich drei Meter gegen den Wind stinken würde. Die Evi rückte sogar so weit weg von mir, dass sie bloß noch mit einer Pohälfte auf der Bank saß.

Bis um zwölf Uhr, bis die Schule aus war, überlegte ich: Es ist unmöglich, dass eine Frau Lehrerin einfach lügt! Und eine Frau Direktor schon gar nicht! Das gibt es nicht! Also muss es doch ein Christkind geben und meine große Schwester hat bei ihrem Augenlicht etwas Falsches geschworen! Und jetzt ist das Christkind böse auf mich und ich kriege zu Weihnachten nichts!

Richtig verzweifelt kam ich daheim an. Nur meine Großmutter war zu Hause. Sie wollte, dass ich Erbsensuppe esse. Dicke, gelbe Suppe mit Mehlbröckerln und glasigen Fettwürfeln. Ich schob den Teller von mir weg. Sie schob mir den Teller wieder zu. Ich schob ihn wieder weg. Ein bisschen zu heftig. Suppe schwappte über den Tellerrand.

»Du bist vielleicht ein Fratz!«, rief sie und trug den Teller weg. »So knapp vor Weihnachten wäre ich an deiner Stelle braver! Ungezogenen Fratzen bringt das Christkind nämlich nix!«

Ich schluchzte: »Das bringt mir sowieso nix, weil ich nicht dran geglaubt habe!«

Die Großmutter schaute ein bisschen verdutzt. Aber sich groß Gedanken zu machen, war nicht ihre Sache. Und wenn sie sich gerade über verschüttete Suppe ärgern musste, konnte sie nicht auch noch über rätselhafte Sätze nachdenken! So sagte sie bloß: »Geschieht dir recht!« Das war wohl ganz allgemein gemeint. Weil ungezogenen Fratzen kein Mitleid zusteht, ganz gleich, welchen Kummer sie auch haben.

Ich lief aus der Küche ins Zimmer rein, setzte mich auf mein Bett, schnäuzte die Tränen weg und wartete auf meine große Schwester. Die kam zwar bald, aber

zuerst einmal aß sie in der Küche Erbsensuppe. Und dann ging sie aufs Klo. Und dann half sie der Großmutter beim Geschirrspülen. Fast eine Stunde musste ich warten, bis sie zu mir ins Zimmer kam.

»Hast geheult?«, fragte sie. Sicher war meine Nase vom Tränenwegschnäuzen ziemlich rot.

Ich fing gleich wieder zu weinen an und schluchzte ihr den ganzen Kummer vor. Und dass sie an allem schuld sei, schluchzte ich auch.

»Pass auf, du Dödel«, sagte meine große Schwester. »Jetzt beweise ich dir, dass ich die Wahrheit gesagt habe!«

Sie machte den Schrank auf, schob im mittleren Regal einen Stapel Wäsche weg, zog einen alten Schuhkarton heraus, nahm den Deckel vom Karton, kam damit zu mir, sagte: »Schau, was da drin ist!«, und leerte den Schuhkarton aus. Da lagen nun ein Knäuel hellblaue Wolle, ein fertig gestrickter Ärmel und – auf zwei Nadeln – ein breiter, gestrickter Fleck auf meinem Bett. »Das wird ein Pullover! Den strickt die Mama für dich! Den kriegst du Weihnachten!« Sie legte Wolle, Ärmel und Strickfleck in den Karton zurück, tat den Deckel drauf und versteckte den Karton hinter dem Wäschestapel. »Oder glaubst du vielleicht, jede Nacht kommt das Christkind und strickt im Kasten drinnen ein paar Reihen?«

Ich schüttelte den Kopf. Vielleicht nicht ganz so überzeugt, wie meine große Schwester es erwartete. Darum fügte sie grinsend hinzu: »Was meinst du, wie viele Kinder zu Weihnachten gestrickte Pullover kriegen? Da müsst dieses Christkind ja in tausend Kästen sitzen und stricken! Dass das nicht möglich ist, wirst sogar du kleiner Dödel verstehen!«

Ich verstand es und glaubte wieder meiner großen Schwester. Und ich sah überhaupt nicht ein, dass mich die anderen Kinder in der Klasse weiter für »plemplem« und »spinnert« halten sollten; wenn ich doch nichts als die Wahrheit gesagt hatte. Aber dass ein Christkind-Streit mit der Frau Lehrerin und der Frau Direktor nichts bringen würde, war mir klar! Wenn Erwachsene lügen, geben sie es ja nie zu! Doch die Kinder, dachte ich mir, müssten zu überzeugen sein! Und weil die Evi in unserer Klasse als das klügste Kind galt und alle immer auf sie hörten, dachte ich mir weiter: Ich werde die Evi überzeugen, dass ich die Wahrheit gesagt habe und es kein Christkind gibt! Und wenn die mir einmal glaubt, bringt sie schon die anderen Kinder dazu, mir auch zu glauben!

So lud ich die Evi »zum Spielen« zu mir nach Hause ein, und weil ich einen riesigen Kaufmannsladen hatte, auf den die Evi ganz versessen war, kam sie.

Ich spielte nicht gern Einkaufen-Verkaufen, aber ich stand das langweilige Spiel tapfer durch, bis meine Mutter und meine Schwester zum Zahnarzt und die Großmutter auf einen Tratsch zur Nachbarin gingen. Als ich endlich mit der Evi allein war, sagte ich: »Christkind gibt es wirklich keines!« Und bevor sich die Evi wieder mit einem Zeigefinger an die Stirn tippen konnte, erzählte ich ihr vom »Beweis«, den mir meine große Schwester gezeigt hatte, holte den Schuhkarton aus dem Schrank raus, hielt ihn der Evi unter die Nase und sagte ihr, dass tausend Kinder zu Weihnachten gestrickte Pullover bekommen und dieses Christkind doch nicht in tausend Kästen sitzen und Pullover für Weihnachten stricken könne! Das, sagte ich, müsse die Evi doch einsehen!

Die Evi starrte lange auf die gestrickten Teile. Ich meinte schon, sie überzeugt zu haben, da sagte sie: »Kann das Christkind doch! Weil es das Jesus-Kind ist, und das Jesus-Kind ist ein Teil vom lieben Gott und der liebe Gott ist allmächtig und allgegenwärtig, der kann gleichzeitig in tausend Kästen Pullover stricken!« Und wenn ich jeden Sonntag in die Kindermesse gehen würde, sagte sie, würde ich das längst wissen! Dann tippte sie sich mit einem Zeigefinger an die Stirn und ging heim.

Ich war wieder verzweifelt! Meine Schwester zu

fragen, ob die Evi Recht hat, wäre sinnlos gewesen. Die glaubte nicht an den lieben Gott, und wer nicht an den lieben Gott glaubt, zerbricht sich auch nicht den Kopf darüber, ob er – falls es ihn gäbe – in tausend Kästen stricken würde!

Jeden Tag schlich ich nun heimlich zum Schrank, schob den Wäschestapel im mittleren Regal zur Seite, hob den Deckel der Schuhschachtel und schaute nach dem Strickfleck auf den zwei Nadeln.

So oft ich auch nachschaute, er war kein bisschen gewachsen, da hatte niemand dran weitergestrickt; von dem Tag an nimmer, wo ihn mir meine Schwester als »Beweis« gezeigt hatte! Dazu kam noch, dass der Strickfleck ein sehr kompliziertes Muster hatte. Eines mit »zusammenstricken-Umschlag-abheben-Faden-hinter-die-Nadel«. Solche Muster gelangen meiner Mutter gar nie! Die konnte bloß »zwei-glatt-zwei-verkehrt-im-Wechsel«.

Nun war ich mir sicher: Das Christkind hatte da gestrickt! Und es hatte zu stricken aufgehört, weil ich aufgehört hatte, an es zu glauben!

Der hellblaue Pullover mit dem komplizierten Muster war mir ja egal! Pullover interessierten mich nicht sehr. Aber ich hatte mir für Weihnachten noch allerhand anderes gewünscht. Und wenn das Christkind so beleidigt war, dass es nicht einmal den ange-

fangenen Pullover fertig strickte, würde es mir wohl auch keine Puppenküche und keinen Malkasten und kein Mensch-ärgere-dich-nicht-Spiel bringen. Und weiße Schlittschuhe schon gar nicht!

Ich musste, beschloss ich, das Christkind versöhnen und es dazu bringen, nicht mehr bös auf mich zu sein! Aber wie soll man das tun, wenn man es nicht sieht, nicht hört, nicht einmal weiß, wo es gerade herumfliegt? Einzige Möglichkeit, die mir einfiel: Da war nur mit dem zu verhandeln, von dem es ein Teil ist! Ich ging also in die Kirche. Jeden Tag ein paar Mal. Weil bis zum Heiligen Abend ja nicht mehr viel Zeit war.

In der Kirche gab es den lieben Gott dreimal. Einmal als Jesus-Kind in der Krippe, einmal in einer Nische, ans Kreuz genagelt, einmal über dem Altar, als ein goldenes Dreieck mit einem Auge drin und Strahlen herum. Das Kind in der Krippe fand ich zu klein; das war noch im Baby-Alter, wo man höchstens Mama sagen kann. Den Mann am Kreuz wollte ich nicht belästigen; der hatte eigenen Kummer genug. So wendete ich mich jedes Mal an das Dreiecks-Auge mit den Strahlen und bat es einzusehen, dass alles nur die Schuld meiner Schwester sei! Und dass es mir Leid tue und dass die gesamte Heilige Dreieinigkeit dem Teil von ihr, der das Christkind ist, ausrichten möge, dass ich um Entschuldigung bitte und – als Buße – auf den hellblauen Pullover verzichte!

Ich hoffte jedes Mal, das Auge werde mir irgendwie, vielleicht durch ein winziges Zwinkern, mitteilen, dass es mich verstanden habe. Aber da tat sich überhaupt nichts!

Drei Tage vor Weihnachten, als ich wieder mit dem Strahlen-Auge zu verhandeln versuchte, spürte ich eine Hand auf meiner Schulter. Der Pfarrer stand hinter mir. »Ja, Mäderl«, sagte er. »Früher warst nie da und jetzt kommst jeden Tag gleich ein paar Mal? Kann ich dir helfen?«

Den Pfarrer als Vermittler zu haben, fand ich nicht übel. Ich nickte, deutete zum Strahlen-Auge hoch und flüsterte: »Wenn S' bitte ausrichten, dass ich nur ganz kurz nicht ans Christkind geglaubt hab und dass das doch kein Grund ist, dass es jetzt noch immer beleidigt ist!«

Der Pfarrer schaute mich verdutzt an, dann fragte er: »Woher weißt denn, dass es beleidigt ist?«

»Weil's nimmer strickt!«, antwortete ich.

Der Pfarrer schaute noch verdutzter. Aber nicht lange. Dann schaute er zum Strahlen-Auge hoch und faltete die Hände. Auch nicht sehr lange. Dann schaute er wieder zu mir und sagte: »Ist eh nimmer beleidigt, lasst es ausrichten!«

Ich machte den kleinen Knicks, den mir die Großmutter als Gruß für vornehme Leute beigebracht hatte, und lief aus der Kirche.

Als ich am nächsten Tag hinter dem Wäschestapel nachsah, war der Strickfleck um zehn Zentimeter gewachsen!

Und am Heiligen Abend lagen unter dem Tannenbaum Schlittschuhe für mich und ein Mensch-ärgere-dich-nicht-Spiel und ein Malkasten und eine Puppenküche. Und ein hellblauer Pullover. Aber der hatte nur einen Ärmel. Und meine Mutter sagte zu mir: »Den anderen liefert das Christkind noch nach! Weiß auch nicht, warum es nicht fertig geworden ist! Vielleicht wegen diesem verflixten Muster?«

Ich nickte nur. Dass das Christkind mit dem Muster sicher keine Schwierigkeit gehabt und den Pullover nur deswegen nicht fertig gebracht hatte, weil es ja erst vor drei Tagen wieder zu stricken angefangen hatte, erklärte ich meiner Mutter nicht. In einer Familie, wo keiner an den lieben Gott glaubt, lässt man das besser sein.

Christine Nöstlinger

Die Weihnachtsmaus

Die Weihnachtsmaus ist sonderbar
(sogar für die Gelehrten);
denn einmal nur im ganzen Jahr
entdeckt man ihre Fährten.

Mit Fallen oder Rattengift
kann man die Maus nicht fangen.
Sie ist, was diesen Punkt betrifft,
noch nie ins Garn gegangen.

Das ganze Jahr macht diese Maus
den Menschen keine Plage.
Doch plötzlich aus dem Loch heraus
kriecht sie am Weihnachtstage.

Zum Beispiel war vom Festgebäck,
das Mutter gut verborgen,
mit einem Mal das Beste weg
am ersten Weihnachtsmorgen.

Da sagte jeder rundheraus:
Ich hab es nicht genommen!
Es war bestimmt die Weihnachtsmaus,
die über Nacht gekommen.

Ein andermal verschwand sogar
das Marzipan vom Peter.
Was seltsam und erstaunlich war,
denn niemand fand es später.

Der Christian rief rundheraus:
Ich hab es nicht genommen!
Es war bestimmt die Weihnachtsmaus,
die über Nacht gekommen.

Ein drittes Mal verschwand vom Baum,
an dem die Kugeln hingen,

ein Weihnachtsmann aus Eierschaum
nebst andren leckren Dingen.

Die Nelly sagte rundheraus:
Ich hab es nicht genommen!
Es war bestimmt die Weihnachtsmaus,
die über Nacht gekommen.

Und Ernst und Hans und der Papa,
die riefen: Welche Plage!
Die böse Maus ist wieder da,
und just am Feiertage!

Nur Mutter sprach kein Klagewort.
Sie sagte unumwunden:
Sind erst die Süßigkeiten fort,
ist auch die Maus verschwunden.

Und wirklich wahr: Die Maus blieb weg,
sobald der Baum geleert war,
sobald das letzte Festgebäck
gegessen und verzehrt war.

Sagt jemand nun, bei ihm im Haus,
bei Fränzchen oder Lieschen –,
da gäb es keine Weihnachtsmaus,
dann zweifle ich ein bisschen!

Doch sag ich nichts, was jemand kränkt!
Das könnte euch so passen!
Was man von Weihnachtsmäusen denkt,
bleibt jedem überlassen!

James Krüss

Quellennachweis

Franziska Biermann, *Bilderrätsel*. Originalbeitrag

Ursula Fuchs, *Das Nachthemd* aus: Dies., Emma und die unruhige Zeit. Anrich Verlag, Kevelaer 1979

Josef Guggenmos, *Am 4. Dezember* aus: Ders., Ich will dir was verraten. Beltz & Gelberg, Weinheim 1992

Peter Härtling, *Der Koffer* aus: Ders., Geschichten für Kinder. Beltz & Gelberg, Weinheim 1988

Eberhard Haidegger, *Ochs & Esel an der Krippe* aus: Hans-Joachim Gelberg (Hrsg.), Die Erde ist mein Haus. 8. Jahrbuch der Kinderliteratur. Beltz & Gelberg, Weinheim 1988

Janosch, *Der Bär und der Vogel* aus: Ders., Wenn der Hase baden geht. Beltz & Gelberg, Weinheim 1994

James Krüss, *Die Weihnachtsmaus* aus: Ders., Der wohltemperierte Leierkasten. C. Bertelsmann Verlag GmbH, München 1961. – *Konsumanekdote* aus: Hans-Joachim Gelberg (Hrsg.), Wie man Berge versetzt. 6. Jahrbuch der Kinderliteratur. Beltz & Gelberg, Weinheim 1981.

Erich Kästner, *Felix holt Senf* aus: Barbara Homberg (Hrsg.), Warten auf Weihnachten. Verlag Friedrich Oetinger, Hamburg 1978

Paul Maar, *Der doppelte Weihnachtsmann* aus: Barbara Homberg (Hrsg.), Warten auf Weihnachten. Verlag Friedrich Oetinger, Hamburg 1978

Hans Manz, *Heiliger Abend* aus: Hans-Joachim Gelberg (Hrsg.), Der Bunte Hund Nr. 30. Beltz & Gelberg, Weinheim 1991

Angelika Mechtel, *Der Engel auf dem Dach* aus: Der Engel auf dem Dach und andere Weihnachtsgeschichten. Loewes verlag, Bindlach 1989

Christine Nöstlinger, *Ein hellblauer Pullover* aus: Dies., Das große Nöstlinger-Lesebuch. Beltz & Gelberg, Weinheim 1996. – *Abendgebet / Alte Elternregel / Brief an das Christkind / Herbergssuche* aus: Christi-

ne Nöstlinger & Jutta Bauer, Ein und Alles. Beltz & Gelberg, Weinheim 1992

Gary Paulsen, *Sind Sie der Weihnachtsmann?* Aus: Ders., Eine Weihnachtsgeschichte. Deutsch von Thomas Lindquist. Carlsen Verlag GmbH, Hamburg 1996

Margret Rettich, *Vom Maulwurffangen* aus: Dies., Neue wahre Weihnachtsgeschichten. Annette Betz Verlag im Verlag Carl Ueberreuter, Wien-München 1986

Hilde Roth, *Engel* aus: Hans-Joachim Gelberg (Hrsg.), Was für ein Glück. 9. Jahrbuch der Kinderliteratur. Beltz & Gelberg, Weinheim 1993

Wolfdietrich Schnurre, *Die Leihgabe* aus: Ders., Als Vaters Bart noch rot war. Neuausgabe. © 1996, Berlin Verlag, Berlin

Holger Senzel, *Weihnachtsmännerkongress in Kopenhagen.* Originalbeitrag

Das Schicksal eines Christbaums aus: Münchener Bilderbogen Nr. 417

Ein Wahrheitslied aus: Des Knaben Wunderhorn. Sammlung alter Volkslieder. Von Achim von Arnim und Clemens Brentano

Eine moralische Erzählung aus: Simplicissimus, 1903

Nikolaus und die Ameise aus: Felix Karlinger (Hrsg.), Geschichten vom Nikolaus. Insel Verlag, Frankfurt / Main und Leipzig 1955

Bildnachweis

Alte Bildvorlagen (18, 45, 76, 85); Jutta Bauer (40); Rotraut Susanne Berner (111 ff.); Christine Brand (26, 59 ff., 83); Nikolaus Heidelbach (42); Simone Klages (92); Peter Knorr (48); Rolf Rettich (16); Axel Scheffler (3, 4, 38, 72, 115)

Silvia Bartholl (Hrsg.)
Alles Hasen!
Geschichten & Bilder
Mit einem Daumenkino von Franziska Biermann
Gulliver Taschenbuch (78244), 144 Seiten *ab 9*

In diesem Buch dreht sich alles um Hasen. Christine Nöstlinger und Janosch, Erwin Moser, Peter Härtling und andere erzählen kurze und lange Geschichten über kleine und große Hasen, über Angsthasen, weiße Kaninchen und blitzgescheite Hasen. Auch der Osterhase fehlt nicht! Dazu kommen viele freche Bilder und ein echtes Hasen-Daumenkino.

Beltz & Gelberg
Beltz Verlag, Postfach 10 01 54, 69441 Weinheim

Ende